ドライバー「飛距離」大革命！

芹澤信雄

宝島社新書

ドライバー「飛距離」大革命！

芹澤信雄

宝島社新書

はじめに

一般のアベレージゴルファーが、ボールを遠くへ飛ばすことに憧れを抱いているように、僕も、飛距離を伸ばしたいという気持ちを、以前から持っていました。

96年に日本プロゴルフマッチプレー選手権で優勝し、5年シードを獲得したとき、飛ばしを目指したスイング改造にとり組んだのです。ところが、結果的にそれは失敗に終わり、自分の持ち味でもあった、正確性をも失ってしまいました。

そんなころに、出会ったのが、エスヤードの高反発ドライバーです。

「アベレージゴルファー用の簡単クラブだろう」

と、思いつつ、試打してみると、これがいきなり15ヤードも飛距離がアップし、驚きを隠せませんでした。

飛距離が伸びたと同時に、自分に余裕が生まれたおかげで、壊れていたスイングも元に戻ってきました。むしろ、スイング改造に着手する以前よりも正確なショットを打てるようになったのです。

まさに、1本のクラブが、僕のゴルフ人生を変えたといっても過言ではないでしょう。身長173センチ、体重70キロと、一般の人と変わらない体型、42歳という年齢にもかかわらず、人生で最高の飛びを体験したのです。

賞金ランキングによるシード権を失い、限界を感じ始めた人間に、再びゴルフに対する熱い情熱を蘇らせてくれたのは、間違いなく、エスヤードのクラブでした。

僕が味わった感動を、ぜひアベレージゴルファーの皆さんにも経験してほしい。そんな思いで、今回、ペンをとりました。

最近のゴルフ界は、高反発ドライバーが主流ですが、その機能を100パーセント引き出している人がどれだけいるのか不安です。

今までのチタンドライバーやメタルドライバーと比べると、高反発ドライバーは価格が少し高めに設定されています。それだけの価値があるからだと思いますが、正しく使わなければ、なんの意味もありません。買った金額に見合うだけの仕事をさせましょう。

確かに、高反発ドライバーとはいえ、ゴルフの基本は同じかもしれません。しかし、はっきりいえるのは、今までと同じスイングをしていたら、高反発ドライバーは飛ばないということです。ある意味、これまでの常識を覆すぐらいの打ち方をして、初めて驚異的な飛距離を得られます。

本書は、エスヤードに限らず、高反発ドライバーの性能を十二分に引き出すためのエッセンスを盛り込みました。すでに高反発ドライバーを手にした人、これから買おうかと思っている人にとって、参考になっていただければ幸いです。

2002年4月

芹澤信雄

PEARLY
GATES

目次

第一章

第二章

■肩の回転は115～120度。腰は75度以上
■イスに座ってどれだけ肩が回るか試してみよう
■スイング軸は首のつけ根、直径10センチぐらいの太さをイメージする
■手首のコックを使うタイミングを覚えよう
■右足に自分の体重をしっかり乗せよう
■1本足打法なら体重移動をマスターできる
■力の入れ方はバックスイングが3、フォロースルーが7
■バックスイングが早いとフォロースルーでヘッドスピードは落ちる
■ボールを投げるときに上げた右ヒジの高さに応じて右手を合わせる
■トップスイングで笑顔を見せるぐらいの気持ちで振ろう

序章　ジャンボ尾崎をオーバードライブした日

■「これ、何?」思わず口に出た飛距離

僕が初めて高反発ドライバーであるセイコーのエスヤードを手にしたのは、2000年の冬でした。このオフに、新しいドライバーがあると紹介されて試しに打ってみると、キャリーで20ヤードも飛距離が伸びたのです。

思わず、「これ、何?」とメーカーの人に聞いてみると、高反発ドライバーという答えが返ってきました。

当時の僕は飛距離を伸ばすことを渇望していただけに、この衝撃的なドライバーをなんとしてでも手に入れようと思いました。なんとか開幕戦の東建コーポレーションカップの1週間前に出来上がったのですが、アマチュアゴルファー用のため、フェースアングルが3度もある。構えたときに、クラブフェースがかなり左を向いているように感じるのです。

このままでは使えないと思い、少しでもいいからフェースアングルを小さくしてくれと頼みましたが、何分時間がない。納得のいかないまま、ボールを打ってみると、やはり飛ぶ。これは使わなきゃ損だと思い、開幕戦に持っていくことにしました。

東建コーポレーションカップの練習日では、練習仲間である藤田寛之君、宮本勝昌君と一緒にラウンドしました。そのとき、彼らと飛距離があまり変わらなかったのです。

自分では、オフにかなりトレーニングしてきたし、調整も上手くいったから飛んでいるのだろうと、このときは、あまり深く考えていませんでした。

初日、2日目は、ジャンボ尾崎のニックネームで親しまれている尾崎将司さん、片山晋呉君と同組でのラウンドです。

ジャンボさんは、54歳になったばかりでしたが、それでもまだ日本ではトップテンに入る飛ばし屋です。片山君も前年賞金王に輝き、まさに旬のプロ。そこにこの大会のディフェンディングチャンピオンである僕が入ったわけです。

■プロ入りして初めてジャンボさんより飛んだ!

ラウンドしてみると、ビックリしました。ドライバーの飛距離が、片山君とはほぼ同じか、ちょっと飛んでいるし、ジャンボさんを3回もオーバードライブしたのです。

プロ入り以来、ジャンボさんよりもティショットを飛ばしたのは、このときが初めてでした。

最初のうちは、片山君が飛ばないように見えたので「ああ、シンゴはまだ調整不足なんだな」と思っていましたが、ジャンボさんを見ても、僕と変わらない……。

そのうち、彼がすごいショットを打ったなあと思い、セカンドショット地点に行ってみると、僕のほうが飛んでいる。「これはもしかして……」と考えましたが、この日が終わってもまだ疑心暗鬼でした。

■250ヤードのバンカーをキャリーで越えた

するとと、ラウンドレポーターで来ていた金井清一さんが、「ずい分飛んでるねえ。芹サン、あんたなんのドライバーを使っているんだい?」と話しかけてきたのです。

「そうですか?」と答えましたが、金井さんの興奮は収まりません。

聞けば、250ヤード地点にあるフェアウエーバンカーをキャリーで越えたらしく、そこで初めて本当にこのドライバーは飛ぶのだと確信しました。

ジャンボさんもシンゴも調子が悪いのではなく、僕が飛んでいたのです。

考えてみれば、ジャンボさんも内心かなり驚いていたことでしょう。「違反クラブなんて使いやがって」と、ブツブツいっていました。僕のほうが、ちょっとボールが前に飛んでいても「お前のほうが遠いから先に打て」とかいうぐらいでしたから。

■ゴルフが楽しくて仕方なくなった

実際、そのときは飛ばすためにスイングを変えたわけではありません。逆に飛距離を稼ごうという意識を全く捨てて、ただボールをポーンと打つだけでした。クラブフェースが左を向いているので、無理にクラブヘッドを目標に対して出そうとするとチーピンが出るし、思いきって左サイドに振り抜くことだけを考えていたのです。

すると、フォロースルーで今までは自然な態勢でボールが飛んでいくのを見ていられたのですが、今では首がムチウチになるぐらい高く遠くへ飛んでいきます。

しかも、なかなかボールが落ちてこない。

プロ入り以来、飛ばすことに憧れてはいましたが、心の中では、どこか割りきって考えていました。

ドッグレッグホールのコーナーにバンカーが配置されていることが多いのですが、このバンカーまでが大体250ヤード。僕はいつもなんの迷いもなく、そのバンカーの横にボールを落とすことだけを考えていました。

当然、そのバンカーを越えていく選手とは、セカンドショットで持つクラブが全然違います。極端な話、僕がロングアイアンでグリーンを狙うところを、彼らはショートアイアンで攻められるのです。これは大きなハンディですが、ある意味、それが自分のゴルフスタイルだと考えるようになっていました。

それが突然、自分も250ヤードのバンカーを越えるようになったのですから、ゴルフが楽しくて仕方がありません。

たまたま2001年の開幕戦は、三重県の多度CCという初めてのコースで開催されたので、自分ではどれだけその前年よりも飛距離が出ているのか実感できなかったのです。

本当の意味で、飛んでいると思ったのは、毎年同じコースで開催しているトーナメントに出たときです。

■20ヤード飛ぶことでゴルフの内容が変わった

例えば、静岡県の川奈ホテルGCで開催されるフジサンケイクラシック。ここの最終18番ホールでは、セカンドショットをいつも6番か7番アイアンで打っていました。フェアウエーが少し下ってからまた上りになるというデザインでしたが、僕のボールはいつもちょっとダウンスロープになっているところに止まっていることが多く、難しいショットを要求されました。というのも、左足下がりのライから、ミドルアイアンでボールを高く上げ、なおかつピンを狙わなければいけないからです。

それが、その年はこのドライバーのおかげで少しアップヒルになっているところまでボールが飛んでいたのです。しかも、9番アイアンで、狙える位置まで……。

やや左足上がりのライからショートアイアンで打つわけですから、「これなら僕でもピンに寄るだろう」と思えました。ドライバーが20ヤード飛ぶことで、それほどゴルフの内容が大きく変わったのです。

■飛距離が伸びた途端、フェアウエーキープ率もアップした

面白いもので、飛距離が伸びたことで、フェアウエーキープ率もアップしました。というのも、球筋をフェードボール1本に絞れたからです。

それまでは、距離を出そうとしていたので、ドローボールしか打ちませんでした。ドローボールというのは、ボールが落ちてから、転がる距離が長いので、飛距離が出るものの、方向性があまりよくないという欠点があります。

もともとフェアウエーキープ率は悪くなかったのですが、それまでのクラブだと飛ばそうとした途端、ボールがどんどん曲がり出してしまいました。

おそらく、ゴルフファンのほとんどの人は、芹澤信雄というと、飛ばないけど曲がらないタイプのゴルファーとイメージしていることでしょう。実際、10年ぐらい前まではそうでした。ある意味、それが僕にとっての生命線でもあったわけです。

ところが、クラブやボールの開発が進み、どんどん周りの選手が飛距離を伸ばしていく。飛ばないけど曲がらないゴルフでは、勝負にならなくなってきたのです。

たまたま96年の日本プロゴルフマッチプレー選手権で優勝できたので、5年間のシ

ード権を獲得したことを契機に、飛ばすためのスイング改造に着手しました。ボールを思いきりアッパースイングで叩くようになったのです。

確かに、飛距離は伸びました。といっても、たかが知れてますが……。しかし、ボールが大きく曲がるようになってしまいました。

■フェードボールに絞ることができた

それが、高反発ドライバーを手にしただけで、飛距離が平均15ヤードも伸びたのです。これなら、無理にドローボールを打つ必要はないと考え、またフェードボールに戻したのです。

ドライビングディスタンスの順位自体は、他のプロも飛距離が伸びているので、大きく変わっていませんが、自分の中では、プレースタイルが大きく変わっていたのです。

ドライビングディスタンスでいえば、２０００年が２５０ヤードちょっとでしたが、01年は２６４ヤード。データーの上では15ヤードにも満たないと思うかもしれませんが、ご承知のように、ドライビングディスタンスを計測するのは、1ラウンドで2回しかありません。

しかも、飛ぶようになってから、妙にこの2回を意識するため、力が入ってしまうのです。力むとろくなことがありません。ボールをしっかりとらえられず、あまり飛距離を稼げないことがよくありました。

ですから、本当の意味での平均飛距離はもっと伸びていると思います。何しろ、01年はセカンドショットを打つ地点の景色が前年までと全然違いましたから。

下手すれば2クラブは確実に違いました。最低でも1番手は違う。これは精神的にはかなり大きい。5番アイアンで打つところを7番アイアンで、7番アイアンで打つところを9番アイアンで打てるわけです。これだけでも、どのぐらい変わったか皆さんも想像できることでしょう。

■パー5でも2オンできるようになった分、イーグルチャンスが増えた！

パー5でも、今までは2オンなど考えたこともありません。セカンドショットを打った後、たいてい50〜60ヤードは残っていました。それが、2回で乗る可能性が出てきた。

年間イーグルが2個ぐらいしかなかった僕が、それもアプローチショットがたまたま入ったイーグルしか取れなかった僕が、パー5で2オン1パットのイーグルを狙えるようになったわけです。

最初のうちは、慣れないものだから、グリーンに上がるとドキドキしていました。それで結局、3パットのパーということもあったほどです。

■この体験を皆さんも

皆さんも高反発ドライバーを手にした途端、その飛距離に驚くはずです。ただし、アベレージゴルファーの悪いところは、いつの間にか、スイングに力みが入ってくるため、飛距離が落ちてくるところです。「最初のうちは飛んだのに」ということばをよく聞きますが、それは最初のうちはいいスイングをしていたからです。もう一度、基本に戻れば、飛距離は必ず戻ってきます。これはそのための本でもあります。

一章【経歴編】、二章【体験編】で、僕がいかに飛距離不足に悩んできたか、そしてそれが高反発ドライバーとの出会いで、劇的に改善された経緯を書いています。これを読んでいただければ、飛距離不足に悩む、アマチュアゴルファーの方は、絶対に共感を持っていただけると思います。

これらの〝実際に飛んだプロ〟としての体験を元に、本書は構成されているのです。三章では【選び方編】として高反発ドライバーを選ぶためのコツを。そして、四章【技術編】では僕自身による具体的なレッスンを解説しています。

それでは、皆さんもぜひ飛距離をアップして、ゴルフの楽しさを満喫してください。

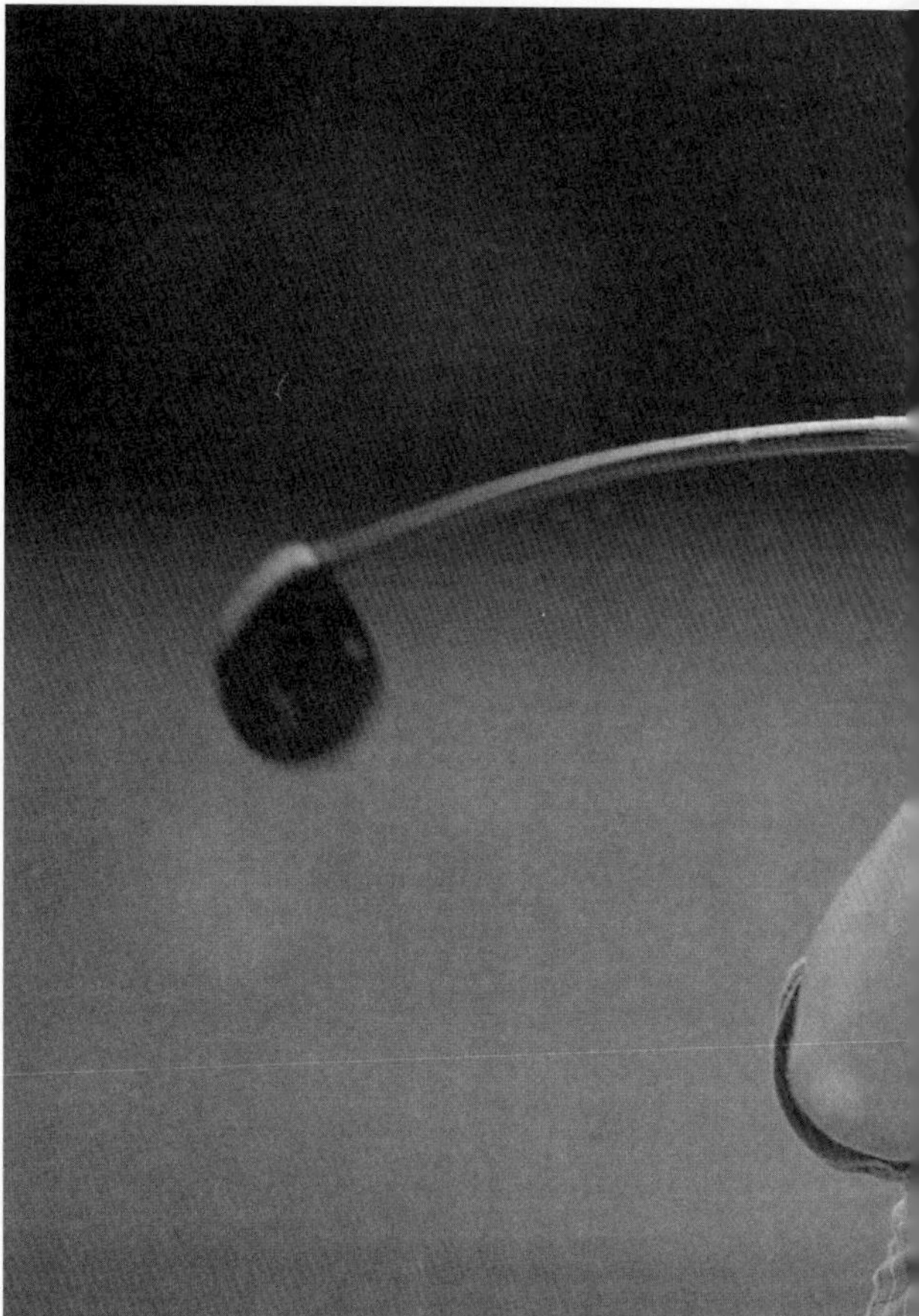

第一章　【経歴編】高反発ドライバー以前

■チタンヘッド時代突入で、技術もコースも変わった

高反発ドライバーが登場する少し前から、プロゴルフ界の常識が変わりつつありました。飛ばすための工夫や技術を求められなくなったのです。その要因はチタンヘッドを装着したドライバーです。

メタルヘッド時代は、クラブフェースを薄くして、ボールの反発を大きくしようとしても、インパクトでボールをとらえる衝撃に耐えきれませんでした。その結果、フェースが割れてしまうのです。

ところが、チタンという材質なら、フェースを薄くしても、インパクトの衝撃に耐えられる。これでインパクト後の初速が一気に伸びたわけです。

この時点では、現在のように反発係数は高くありませんでしたが、ボールを打った瞬間の初速が一気にアップしたわけですから、無理に飛ばそうとしなくても、予想以上の飛距離を得ることができました。まさに革命です。メタルヘッド時代は、飛距離を稼ぐために、フック系の球筋で攻めたり、アゲンストのときは低いボールを打っていましたが、そんなことをする必要がなくなったわけです。正しいスイングさえして

いれば、黙っていてもボールが遠くへ飛んでいくのですから。

ボールが飛ぶことで、トーナメントのコースセッティングも変わっていきました。

それまでは、ティショットが220ヤードぐらいの地点に落ちるぐらいが基準でしたが、一気に250ヤードまでその基準が伸びたのです。それまではほとんど入ることがなかった250ヤード地点のバンカーを越えないと勝負にならない時代になりました。

このことは、日本に限った話ではありません。米ツアーでも、どんどんコースの距離を伸ばすようになりました。あのマスターズでさえ、今年は全長を約300ヤードも伸ばしたほどです。

■新素材に応じてスイングも変えなくてはいけない

僕ら40代前半の選手、もしくは、それよりも少し上の世代の人は、ゴルフを始めたときは、パーシモンヘッドのドライバーを使っていました。それが、メタル、チタンと次々と新しい素材のヘッドに替えることを余儀なくされたのです。それに応じて、スイングも変えなければいけない状況でした。

最近の若い選手なら、ゴルフを始めたときから、メタルヘッドだったし、それをチタンに替えても、スイング自体を大きく変える必要はありません。チタンドライバーに合わせたスイングがもうできているからです。しかし、中嶋常幸さん、倉本昌弘さん、牧野裕さん、湯原信光さんといった40代の選手は、相当悩んだと思います。

パーシモンドライバーなら、インパクトでボールがクラブフェースに密着している時間が長かったため、いろいろ操作できました。自分の持ち球に合わせて、球筋をコントロールできたのです。それが、球離れの早いチタンドライバーになって、ボールをコントロールできない。それをなんとかしようとしているうちに、スイングが悪くなる。彼らが一様に勝てなくなったのも、そこに原因があったのです。

■飛ばすためには使うしかなかった

ただし、一人だけ例外がいました。ジャンボさんです。中嶋さんや倉本さんよりも年齢が上にもかかわらず、ジャンボさんは早くからメタルドライバーをとり入れ、それに合わせたスイングをつくりました。自分のゴルフに対するアドバンテージが飛ばすことにあると分かっていた人だし、周りのスタッフも協力を惜しみませんでした。

飛ばすためにはどうしたらいいかと、メタルドライバーのときからいろいろ改良していたので、チタンにもすぐに移行できたのです。それこそ、フェースが割れるか割れないかぐらいの薄いメタルヘッドを使っていましたから。ジャンボさんが、着々と新しい技術をとり入れている間、他の人たちは自分のゴルフにまだこだわり続けていたのです。こういう球筋を打つには、やはりパーシモンのほうがいいと、どうしてもメタルに溶け込めなかったのです。

僕自身もパーシモンドライバーでゴルフを覚えた一人ですが、幸い、飛距離が出なかったし、遠くへ飛ばしたいという気持ちが誰よりも強くありました。そのため、メタルドライバーがパーシモンよりも飛距離が出るというのなら、使うしかないという状況でした。

ドライバーを替えたくなくても、替えなければいけない立場だったのです。今後もプロゴルファーとして、戦っていくには、少しでも遠くへ飛んだほうがいいですから。

ジュニア時代からゴルフを始めたタイプではなく、高校を卒業してからゴルフに出会った分、パーシモンドライバーに執着することもありませんでした。その分、クラブの変化にもついていけたのだと思います。

■飛ばすためのスイング改造を失敗し、どん底に

自分の中では、プロ入り以来、ずっと遠くへ飛ばしたいという気持ちはありました。ただし、毎年シード権を獲得しなければいけないという状況でもあったのです。ツアープロは、トーナメントに出場してこそ、存在価値があるわけだし、飛ばしたいからといって、無理にスイングを改造して、ゴルフにならなかったら、元も子もありません。ですから、飛ばないけど曲がらないという、自分のゴルフスタイルをあえて崩す必要はないと考えていました。

その僕に転機が訪れたのが、はじめにでもふれた96年の日本プロゴルフマッチプレー選手権だったのです。この大会で僕はあれよあれよという間に、決勝戦へと駒を進めました。そこでブレント・ジョーブを下し、5年間のシード権を得たのです。

その瞬間に、プロになって初めてスイングを改造しようと決意しました。たとえ失敗して何年か犠牲にしても、5年あれば、なんとかなるという考えもありました。

スイング改造は見事に失敗しました。87年に初めてシード権を獲得して以来、10年間も守ってきた賞金シードを失ったのです。97、98年ともに67位。99年は60位とギリギリで賞金シードを手にしたものの、その3年間はまさに棒に振ったようなものでした。それほど飛距離が伸びていないのに、ボールが曲がる。

アイアンショットもグリーンをとらえられない。アプローチも寄らなければ、パットも入らない。

飛距離を伸ばすために始めたスイング改造がまさかこんなにも自分のゴルフに悪影響を及ぼすとは……。今後のゴルフ人生にまで暗雲が立ち込めようとは、考えてもみませんでした。

周りのプロを見ていると、一度賞金シードを失った選手が、再び賞金ランキング60位以内に入ってくることは非常に少なく、自分もこのまま復活できないかもしれないという不安がありました。しかも、当時契約先だったマルマンが、プロサービスに対して消極的だというのも感じました。まさに、精神的にどん底の状態にあったわけですが、そんなときに出会ったのが、セイコーのエスヤードでした。

■セイコーエスヤードがプロ契約を欲しがっていた

トーナメントに出場し始めたときから、ずっとマルマンと用品契約を結んでいました。15年間のつき合いでしたが、後半は、担当者に何度か文句をいったことがあります。「プロ仕様のスペックで自分に合った、もっと飛ぶドライバーを作ってくれないか」と。

個人的には、お世話になった会社ですが、プロとしてもっと飛距離が欲しいという思いが、大変強くありました。

そのマルマンとも98年に契約が切れ、新しいクラブを探すことになりました。マルマンには長い間お世話になってきたこともあり、新しくメーカーと契約を結ぶことは、勇気のいることで、自分自身、冒険でもありました。

フリーのまま、いろんな会社のクラブを使うのも方法でしたし、いくつかの会社からも声をかけてもらいました。そんなときに出会ったのが、セイコーのエスヤードです。基本的に、飛ぶドライバーを探していたのですが、エスヤードを打ってみると、15ヤードも飛距離が伸びたのです。僕には衝撃的でした。

しかも、それはプロ用につくったクラブではなく、アマチュア用なのです。どちらにしても、飛ぶドライバーなら、ぜひ使いたい。早速、エスヤードのスタッフにお願いしてみると、実は契約プロが欲しいというのです。

そのころは、謝敏男さんがエスヤードと契約していましたが、どちらかというと、世間的にはシニア用のクラブというイメージがありました。僕が使うことで、40代のアマチュアゴルファーにもエスヤードを買ってもらおうというのが、セイコーの考えだったのです。

自分の中では、確かに年配向けのクラブという印象はあったのですが、実際に試打しても飛ぶし、クラブ自体はすごくいいものだと分かっていました。レギュラーツアーでは、誰も契約していなかったし、きっと大事にしてくれるだろうなと考えたわけです。唯一心配だったのが、メンテナンスの問題でしたが、それもクルーズという様々な会社のクラブをサポートしているところが、面倒を見てくれることになっていました。しかも、発展途上の会社のほうがいろいろと意見を聞いてくれると判断し、ゴルフに関しては新興勢力であるセイコーと契約させていただくことになりました。

■そして高反発ドライバーで25ヤード増の260ヤード

99年からエスヤードのクラブを使い始めましたが、このときはまだ高反発ドライバーではありませんでした。それなのに、平均で10ヤードも飛距離が伸びたのです。2000年の開幕戦である東建コーポレーションカップに優勝しましたが、これもその前年からエスヤードを使い始めて、楽にボールを遠くへ飛ばせるようになった効果が、表れたからです。

それが、昨年、高反発ドライバーになり、さらに15ヤード伸びました。トータルで25ヤードも飛距離が伸びたのです。以前のドライバーを使っていたときの平均飛距離が235ヤード。それが260ヤードを超えてきました。

今の平均飛距離は265ヤードです。

■飛距離も伸びて、いいスイングも可能になった

飛ぶことに魅力を感じ、スイング改造をしてまでも、飛距離が欲しかった僕ですが、結局、スイングを壊し、自分のゴルフを見失ってしまいました。そんなときに、もう一度やり直す機会を与えてくれたのが、エスヤードだったのです。

それまでは、飛距離を伸ばすために、ボールを無理に下からあおるような打ち方をしたり、あえてフックボールを打っていました。しかし、エスヤードはいいスイングを心がければ、自然とボールが飛んでいきます。そう分かっただけで、心強くなりました。ボールに対してスクエアに構え、スクエアに振っていく。ある意味、ゴルフの基本に沿ったスクエアをすることで、強い球を打てるのです。

自分のスイングに対するイメージも徐々によくなり、99年は賞金ランキング60位に入り、賞金シードも復活しました。

「まだ戦えるかもしれない」そんな漠然とした思いが心の中に湧いてきたのです。スイングがよくなり、自分の持ち味であるステディなゴルフもまたできるようになってきました。

しかも、以前より飛距離が伸びているから、精神的にもかなり余裕が生まれました。そして、自分でもいい感じのまま２０００年を迎えることができ、開幕戦の東建コーポレーションカップで優勝したのです。

このときの優勝は、日本プロゴルフマッチプレー選手権で勝ったときと比べると、比較にならないほど、スイングがよくなっていたと確信しています。ゴルフの場合、必ずしもスイングがいいから勝てる、スイングが悪いと勝てないという法則はありません。勢いがあるときは、スイングに関係なく勝ってしまうものです。

僕がマッチプレーで勝ったときが、まさにそれです。だからこそ、自分でもスイングがいいと思った東建コーポレーションカップで優勝したときのほうが、心から喜べました。

■43歳だが、飛距離を得てまだまだ優勝に絡める！

僕は今年で43歳になりますが、他のプロスポーツなら、とっくに引退している年齢でしょう。しかし、ゴルフは選手寿命が長い。飛距離さえ落ちなければ、まだまだ優勝争いにも絡めます。

　エスヤードという心強い味方ができましたが、もちろん、それだけに頼っていては、現役を長く続けることは無理です。ジャンボさんのように、自分の体をしっかりケアして、スイングやクラブにも研究熱心で、向上心があれば、十分戦えるのがゴルフではないでしょうか。

　僕も若いころと比べると、体重が10キロ増えています。パワーが落ちたというよりも、むしろパワーアップしています。ヘッドスピードも上がっています。せっかく、エスヤードと出会い、高反発ドライバーを手にして、夢にまで見た飛距離アップを手にしたのだから、今まで以上に活躍したいと思います。

第二章　【体験編】いかに飛距離を手に入れたのか

■2001年、「今年の芹澤は飛ばす」といわれた

序章でもふれましたが、僕が初めて高反発ドライバーを手にしたのが、01年の開幕戦である東建コーポレーションカップ。この大会は、例年、鹿児島県の祁答院《けどういん》GCで開催されていたのですが、この年は三重県の多度CCで開催されました。そのため、自分の飛距離がどれぐらい昨年よりアップしたのか、具体的につかめないまま、試合に臨んだのです。

初日、2日目と僕はジャンボ尾崎さん、片山晋呉君と同じ組で回りました。ジャンボさんはこのとき54歳でしたが、まだまだ国内ではトップクラスの飛距離を誇っていました。正直いって、プロ入り以来、ジャンボさんと何度も同じ組でラウンドしましたが、いつもその飛距離に驚かされていたし、ある意味うらやましく思っていました。

高反発ドライバーがどれほど飛ぶのか。それを確認する相手としては、十分すぎるほどです。そのジャンボさんを相手に、このトーナメントで僕は3度もオーバードライブしたのです。

最初は何かの間違いだと思っていました。ジャンボさんも何が起こったのか分から

ないような表情を浮かべていました。おそらくジャンボさんの当たりが少し薄かったのだろうぐらいに考えていたのです。ところが、その後のホールで、ジャンボさんがナイスショットしたボールもオーバードライブしたとき、初めて、「ああ、このドライバーは本当に飛ぶんだな」と感じました。

ジャンボさんも多少何か感じたのでしょう。なかなか先に打ちません。僕のほうがグリーンから遠いというのです。今まで一度もオーバードライブされたことのない人間に飛距離で負けたことがショックだったのかもしれません。

高反発ドライバーを使い始めて、周りから「今年の芹澤は飛ばす」という声が聞こえてくるようになりました。これだけでも、すごいことだと思いますが、実際、今まで越えることがなかった250ヤード地点のフェアウエーバンカーを、キャリーで越えていくのを見ると、自分でも本当に飛ぶようになったと思います。

■「僕のゴルフ自体も根本的に変わった」

しかも、昨年までは7番アイアンで打っていたところを9番アイアンで打てるようになりました。これは僕にとって、非常に大きな意味があります。よりピンに対して正確に打っていけるわけですから。

また、今までではパー5というと、3打目勝負でした。2打目を確実にフェアウエーに刻み、3オン1パットでバーディーを狙うのが、これまでのパターンです。それが、高反発ドライバーを使うことで、2オンの可能性が出てきました。そういう意味では、僕のゴルフが根本的に変わったわけです。

■最初は飛距離が伸びても、スコアが変わらず、空回り状態だった

ティショットが飛ぶようになったことで、ゴルフに対する考え方も変わってきました。

「この地点からセカンドショットを打てるんだったら、もっといいスコアが出るはず」

コースが今までよりも簡単に感じるのですから、無理もありません。心のどこかで、ゴルフを少し甘く見ていたのでしょう。ドライバーが飛ばなかったころは、グリーンを狙うときに、いろいろ考えたものです。グリーン手前の花道から転がしていこうか

なとか、ロングアイアンならなんとか届くかなというように、必死でした。

ところが、高反発ドライバーを手にして、ミドルアイアンでもグリーンを狙えることが分かると、当然、無条件でピンを狙っていきます。すると、かえって痛い目に遭うケースがしばしばありました。

というのも、トーナメントでは、ピンがグリーンの中央に立っていることはまずありません。両サイドに振ってあるので、少しでもボールを曲げたら、グリーンサイドのバンカーやラフにつかまってしまうのです。

ボールを上手く打てたときは、バーディーを奪えるチャンスも大きいですが、わずかなミスがボギーにつながるのです。飛距離が伸びたのに、スコアがあまり変わらない。自分の中で気持ちが空回りしていたことは事実です。

実際、パーオン率に関しては、高反発ドライバーに替えた後とその前とでは、それほど変わっていないと思います。

■左にOBゾーンがあっても、左へ振り抜く練習をした

高反発ドライバーの特徴として、フェースアングルの大きさが挙げられます。構えたときに、クラブフェースが左を向いているように感じるため、普通に打つと、フックが出るような気がします。

実際、ダウンスイングで下半身が止まると、いくらでもフックは出ます。僕もプレッシャーがかかるような場面では、下半身が少し止まるので、左へ引っかけることがありました。しかし、自分の体の左サイドにしっかりクラブを振り抜けば、フックは出ません。インパクトでボールをつかまえやすい分、球離れが早いので、左サイドへ振り抜いても、ボールは真っ直ぐ飛びます。

最初のうちは、僕もフックを打たない練習をかなりしました。

ボールをいつもより左に置き、バックスイングでは体重を右足に乗せ、それをダウンスイングでは左足に移す。そうしながら、左サイドにクラブを振っていく。たとえ左サイドにOBゾーンがあっても、左に向かって打つ練習をしました。

気持ち的には、ボールが左へ飛んでいくのではないかという恐さはありましたが、

左サイドへ振ることができれば、逆に飛距離が伸びるのです。ただ、それが分かっていても、たまに左が恐くなって、右にスッポ抜けるような球を打つこともありましたが……。

「左サイドへしっかり振り抜く」

高反発ドライバーをマスターするために始めた動きですが、実は、いいスイングをするうえでも重要な動きだったのです。それまでは、ダウンスイングで左脇が開いて、ボールの下からあおるような打ち方をしていたのですが、この動きがまずなくなりました。

体をレベルターンできるようになったことで、フォロースルーでの振り抜きもよくなり、ヘッドスピードがアップしました。左脇も締まっているから、インサイドインのスイング軌道でクラブを振れます。ボールにしっかりパワーを伝えられるので、飛距離も伸びます。自分では予想もしていなかった効果が次々に出てきたのです。

その効果は、ドライバーショットだけに限りません。アイアンショットでも、ボールの上からクラブヘッドを下ろしてこれるようにもなりました。ボールをジャストミートできるようになった分、飛距離も伸びたし、方向性もアップしたのです。

■雨の日のプロ用対策法

プロとして雨の日の対策も行いました。フェース面に水滴がつくと、ボールがフェース上を滑り、自分のイメージどおりにクラブを振っても、右へスッポ抜けるときがあります。

それを防ぐために、僕はフェースの中央を、やすりで少し削っています。これなら、多少の雨でもボールの滑りを抑えられるので、ボールが右へ飛び出すことを防げます。ただし、アマチュアゴルファーの場合、そこまでする必要はないでしょう。

また、自分の体調が悪いと思ったときは要注意です。ダウンスイングで体重が左足にしっかり乗らないと、体が開いた状態でインパクトを迎えます。すると、ボールは信じられないほど右へ真っ直ぐ飛び出していきます。いわゆるプッシュアウトが出るわけです。逆に、そういう球が出るときは、体がキレていないんだなと考えるようにしています。

フェースを削るのはあくまで“プロ”の話です

■高反発ドライバーでは、インテンショナルフック、スライスは打ちづらい

基本的に、高反発ドライバーは、球離れが早いということを頭に入れておく必要があります。どういうことかといえば、ボールをとらえたときに、クラブフェースが向いている方向にしかボールが飛ばないということです。フェースが開いて当たれば右へ飛んでいくし、被って当たれば左へいきます。

インパクトの瞬間が短い分、意識的にそこで球筋をコントロールすることは不可能です。つまり、インテショナルフックやスライスを非常に打ちづらいと考えてください。パーシモンドライバーなら、インパクトでボールを包むような動きができますが、高反発ドライバーでは、それができません。

操作しようと思ったときには、すでに手遅れなのです。下手な小細工は、まずアベレージゴルファーには無理でしょう。

それよりもまず、スイングプレーンの中で、インパクトゾーンを長くすることを心がけるべきです。そうすれば、球離れが早い分、ボールが前に進もうとする力が強くなり、飛距離が伸びます。手先でボールを打とうとすると、いくらヘッドスピードを

上げても、ボールは飛びません。しかも、フェースの上をボールが滑るので、プッシュアウトが出ます。

曲がりが少ないことが、高反発ドライバーの利点でもあるので、意識的に、ボールを曲げようとはしないほうが賢明でしょう。

第三章　【選び方編】自分に合った高反発ドライバーを

■シャフトも長くしないと、バランスがとれない

高反発ドライバーで、ヘッドの容量が300cc以下のクラブはまずないと考えてください。大きなヘッドと、厚いフェースがアドレスしたときに、安心感を与えてくれるのです。シャフトの長さも、ヘッドが大きくなった分、長くなります。

今までが44インチぐらいなら、46インチの長さにしましょう。それで全体的なバランスがとれるようになります。逆に、ヘッドが350ccもあるのに、シャフトが44インチだと、アイアンを持っているような感覚になり、高反発ドライバーの特性をあまり生かすことができない可能性があります。

チタンヘッドは、フェースのどこにボールが当たっても、飛ぶことは間違いありません。ただ、重心の位置が低くなっているので、芯が当たったほうが、より大きくボールを弾くので、飛距離が伸びます。

パーシモンのドライバーと比べると、ヒールに当たっても、飛距離が大きく落ちることはありませんが、芯に当たったときほど強いボールを打てないことは頭の中に入れておきましょう。

■46インチ前後の長さが理想

90年代も終わりになって高反発ドライバーは登場しました。ヘッドスピードが速くないアベレージゴルファーでも、ボールを遠くへ飛ばせるクラブということで、多くの人に受け入れられました。ところが、その後、高反発ドライバーでも、ヘッドスピードがあるほうが、より飛距離を伸ばせることが分かったのです。

ヘッドスピードを速くするには、シャフトを長くし、遠心力を利用する方法が一番簡単です。個人差はありますが、46インチ前後の長さのものを選んでください。あまり長すぎても、クラブを振り切れないので、かえってヘッドスピードが落ちます。自分の力量に合わせて、一番早く振れる長さを選びましょう。

■試打するときの注意

ロフトに関しては、従来のドライバーよりも、ボールが上がりやすい分、1度減らすようにします。シャフトの硬さ、バランスなどは、従来と同じで構いません。試打してみて、シャフトが軟らかく感じるようであれば、硬くすればいいし、硬く感じれば、軟らかいものに替えればいいのです。

最近は、ショップでも、機械で正確にヘッドスピードを測れるし、飛距離も出るようになっています。そのときの数字を目安にして、自分に合ったクラブをつくりましょう。

ただし、気をつけるのはボールです。練習ボールのようなワンピースボールを高反発ドライバーで打つと、ボールがおじぎしてしまいます。できるだけ、普段、自分がコースで使っているのと同じボールを打つようにしてください。

理想をいえば、コースに持ち出しできる試打クラブで自分のボールを打つことですが、それができないなら、せめてボールだけでも持っていきましょう。たとえ拾いにいけなくても、高い買い物をするわけですから、後で後悔しないためにも、それぐらいの出費は覚悟してください。

■少しフックフェースに感じるクラブのほうが、飛距離が出る

僕が使っているエスヤードのT9は、320ccですが、構えたときに上から見ても、

あまり大きく感じません。最初は「本当に300cc以上あるの?」と、メーカーの人に聞いたぐらいです。ディープフェースで色が黒のため、全体的に締まった感じに見えたため、あまり大きく感じなかったのです。

高反発ドライバーでも、各メーカーにより、フェース厚に差があれば、色も多様です。この辺は、その人の好みによりますが、僕はディープフェースのほうが、違和感なく使うことができました。

アベレージゴルファーにとっては、フェースの厚さよりも、フェースの向きのほうが、気になると思います。従来のドライバーと同じように、できるだけスクエアなフェースを選ぼうとするかもしれませんが、それは間違いです。フックフェースのほうが、ボールをつかまえやすく、飛距離も出るのです。

今までよりも、フェースアングルが1度でも2度でもいいから、左を向いているものを選ぶようにしましょう。

また、飛距離を伸ばしたいなら、できるだけシャフトは軽いものにしてください。そのほうが、ヘッドスピードが上がります。ただし、シャフトを軽くすると、どうしても力一杯にクラブを振ろうとします。最初はそれでも体を使って振ろうとする分、飛距離が伸びますが、慣れてくると、手先だけで打とうとします。

シャフトを軽くしても、ゆっくりクラブを振る気持ちだけは、常に持っておくようにしましょう。

■ボールは硬ければ硬いほど飛ぶ

パーシモンヘッドから、チタンヘッドにドライバーが変わったように、ボールも以前と比べると、かなり進化しています。高反発ドライバーには、どのようなボールが合うのでしょうか。

結論からいえば、ボールが硬ければ硬いほど、飛距離は伸びます。硬いもの同士がぶつかったほうが、より大きな反発が生まれるからです。

しかし、プロの場合、ただボールを遠くへ飛ばすだけでは、スコアになりません。硬いだけのボールを使えば、今よりも10～15ヤードは確実に飛びますが、それよりも、スピンを効かせて、グリーン上にしっかりボールを止まらせたいのです。表面が軟らかいソフトツーピースを使う選手が多いのは、そのためです。

球離れが早いドライバーでも、多少フェースに食いつくような感じを与えてくれるボールのほうが、ゴルフ全体を考えた場合、有効です。でも、あなたが、とにかくドライバーでボールを飛ばしたいのなら、できるだけ硬いボールを選びましょう。

ここで注意してほしいのは、硬いボールを使うのであれば、ロフトを小さくするようにしてください。ロフトの大きいドライバーで、硬いボールを打つと、真上に飛んでいくかと思うぐらい、高く上がってしまいます。

また、女性ゴルファーは、少し軟らかめのボールのほうがいいかもしれません。力がないので、硬いボールだと、あまり弾かなくなるからです。

第四章　【技術編】飛ばすための具体的な秘訣を公開

【グリップ編】

■両手のV字が同じ方向を指すように握る

高反発ドライバーに限った話ではありませんが、ゴルフでは、グリップが非常に重要な役割を持ちます。間違ったグリップをしていれば、当然、正しいスイング軌道でクラブを振ることは不可能です。

ところが、グリップを軽視しているアベレージゴルファーは非常に多く、間違ったグリップで何年もプレーしているという人も少なくありません。いくら高反発ドライバーを手にしても、それでは宝の持ち腐れです。

この際、正しいグリップをマスターすることから始めましょう。

基本的には、両手ともストロンググリップで握ります。よく両手の甲が目標に対してスクエアな状態で握るのが正しいと思っている人がいるようですが、これは正しいグリップではありません。

左手でいえば、自分のナックルがふたつ見えるぐらいまで、甲を上に向けます。あ

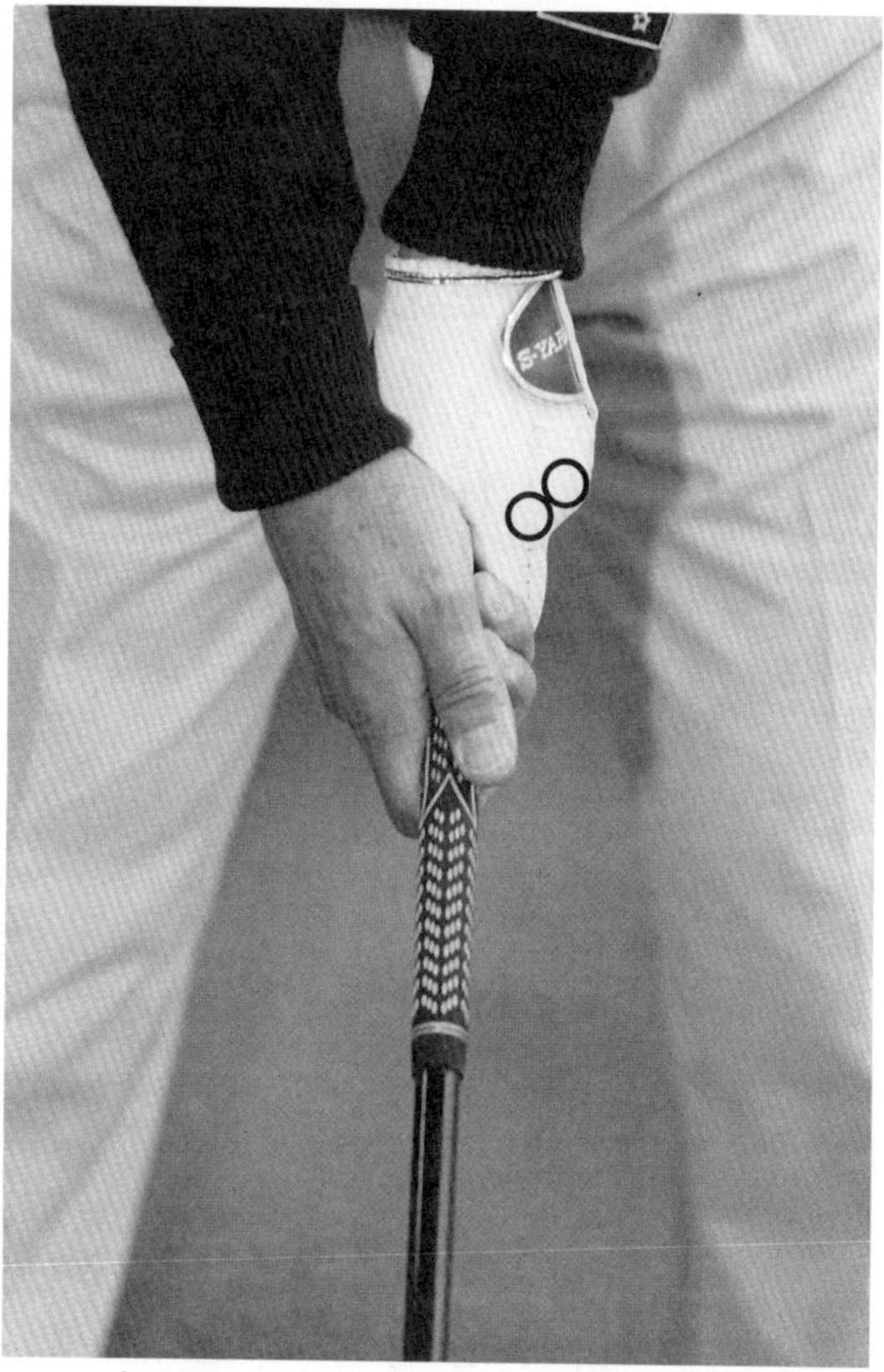

自分のナックルふたつ分が見えるように

まり極端にする必要はないでしょう。高反発ドライバーの場合、極端なストロンググリップにすると、ボールがドロップしてしまうからです。あくまでもナックル2個分です。スクエアな状態よりも、ほんの少しストロンググリップにするだけで構いません。クラブを握ると、親指と人差し指のつけ根でVの字ができます。このV字がどこを指しているかがポイントです。

右肩か、右肩と首の中央をV字が指していれば、合格です。

次に、右手のグリップですが、ジャンボ尾崎さんの真似をして、被せて握っている人はいませんか？　それはウイークグリップです。左手を被せたからといって、右手まで被せる必要はありません。右肩が前に出るようなアドレスになってしまいます。このままバックスイングすると、アウトサイドにクラブが上がる原因になりかねません。アドレスしたときに、右ヒジが下を向いていればオーケーです。よほど力に自信がある人以外は、ストロンググリップにしましょう。

右手も、親指と人差し指でできるV字がポイントです。このV字が、左手のV字と同じ方向を指すように両手を合わせます。

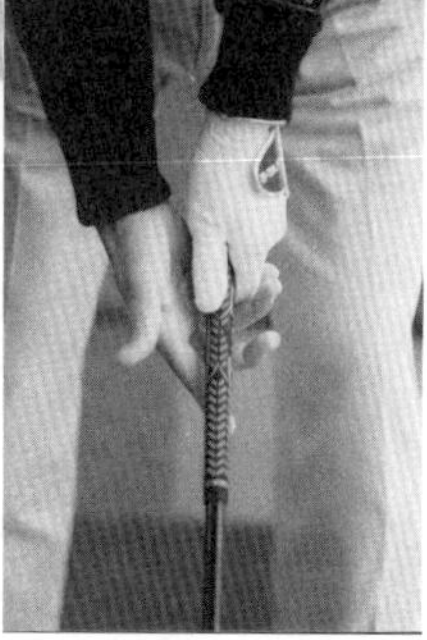

右手は下から添えるようにして、右手、左手ともに指のつけ根のＶ字が右肩か、右肩と首の中央を指すように

クラブの下から、右手を添えるように握ると、両手のV字が同じ方向を指すようになります。これで、正しいグリップの完成です。

■1・5センチから2センチぐらいグリップエンドを余らせて握る

通常、ドライバーに限らず、パター以外のクラブは、グリップエンドのほうが、グリップの先端よりも太くなっています。よく、少しでもクラブを長く持とうとして、目一杯に握っている人がいますが、それなら、シャフトを長くしたほうがいいでしょう。

やはり、グリップエンドが少し余るぐらいに握ったほうが、スムーズにクラブを振れます。理想をいえば、1・5センチから2センチぐらい余っている状況がベストです。

グリップエンドはこの辺で

■グリップはワッグルをできるぐらいに軽く握る

クラブをどれぐらいの強さで握ればいいのか？　アベレージゴルファーからたまに質問されることがあります。

「ワッグルをしっかりできるぐらいの柔らかさで握ってください」

と、答えるようにしていますが、腕から先を使って、クラブヘッドを動かすようなワッグルでは意味がありません。手首を使って、ヘッドを動かすワッグルをできる強さで、クラブを握るのです。

ワッグルをすることで、ヘッドの重みを感じられるようになり、シャフトのしなりを利用して、クラブを振ることができます。その結果、ヘッドスピードが上がり、ボールを強く叩けるのです。

腕から血管が浮き出るほど強く握っていては、シャフトのしなりを利用できないので、逆にボールを強く叩けません。ヘッドの重さを感じられる程度の強さで十分なのです。

そうかといって、小鳥を握るぐらいの柔らかさ握るのが正しいという人もいますが、僕はそうは思いません。

一度、誰かにクラブの先をグッと引っ張ってもらいましょう。そのときにスポッと抜けるようでは、柔らかく握りすぎです。引っ張られたときに、一瞬力が入りますが、それぐらいの力で握るようにしましょう。

■下半身と上半身に7対3の割合で重心を配分する

確かに、高反発ドライバーで打てば、確実に飛距離が伸びます。

しかし、いくら飛ぶクラブを手にしても、正しいスイングをしなければ、その特性を生かしきれないのも事実です。アベレージゴルファーの場合、飛距離を求めるあまり、どうしてもアドレスに力が入ってしまいます。飛ばしてやろうと意識すればするほど、逆に体に力が入り、スムーズなスイングをできません。ヘッドスピードが上がらない原因にもなります。

まずリラックスしたアドレスをとることが、飛ばしへの第一歩です。そのためには、下半身を安定させることが大切。僕は上半身に3割の力、下半身に7割の力配分で構えるようにしています。

飛ばそうという意識が強いと、ドライバーを腕で振り回そうとするので、上半身が7割、下半身が3割の力配分になりやすいのです。これでは、棒立ちの状態でクラブ

下半身に７、上半身に３の重心を忘れずに

を振ることになり、体の捻転を利用できません。

できるだけ下半身を安定させ、上半身をリラックスして構えるようにしましょう。体全体を使ったスイングができるだけでなく、パワーのロスを防げるので、それだけでも、飛距離アップにつながります。

■スタンスを広くしすぎると、スイングバランスが崩れる

どうしてもアドレスで力んでしまうという人には、

「亀になりなさい」

と、アドバイスするようにしています。亀？と思うかもしれませんが、アドレスしたときに、亀が甲羅から首を出すようなイメージで、首を伸ばしてみましょう。首を伸ばせば、両肩がストーンと落ちるから、自然に下半身に力が入り、上体から力みが消えます。

また、下半身を踏ん張りやすくするために、スタンスを必要以上に広くとる人がいますが、あまり感心できません。

なぜなら、広いスタンスだと、力が入ると思いがちですが、上体と下半身のバランスが崩れ、力の配分が3対7にはならないからです。しかも、下半身を上手く使えなくなり、上体だけでスイングしようとするデメリットもあります。

この辺が難しいところですが、体の回転をいかに速くするかを考えた場合、あまりスタンスを広くするべきではありません。下半身を全く使えないと、体の回転スピードがどうしても落ちてしまうからです。

それでは、どれぐらいの幅にするのがいいのでしょうか。体型による個人差があるので、何センチにしろという具体的な数字ははっきりいえません。

足の長い人なら、多少スタンスを広くしても、体重移動ができるでしょうし、しっかり体を回すことができます。しかし、足の短い人が、同じような幅にすると、ベタ足状態になって、クラブを振れなくなります。

高反発ドライバーは、長尺になっている分、遠心力を利用する必要があります。スムーズな体重移動と体の回転がなければ、遠心力を利用したスイングをできないのです。その意味では、スタンスを広くするよりも、狭くしたほうがいいでしょう。

もちろん、極端に狭くすると、体の回転は遅くなります。自分で一番速く体を回せるなというスタンスの幅をみつけてください。

■ボールの位置は左足カカト延長線上よりも1個分左に置く

これまでのレッスン書などで、よくいわれるのが、

「ボールの位置は左足カカト延長線上」

という言葉です。確かに、44インチに満たない長さか、ボールの反発係数が高くないドライバーなら、その位置でも構いません。クラブヘッドが最下点を過ぎた直後にボールをとらえるためには、この位置がベストでしょう。

しかし、高反発ドライバーでは、ほとんど長尺になっています。その分、ボールを左へずらさないと、インパクトでつまったような形になります。

また、ボールをよりアッパーブローでとらえたほうが、飛距離が出ます。その意味でも、ボールの位置を左へ1個分移動させたほうがいいわけです。

ボールをアドレスの中心寄りに置くと、シャフトが長い分、インパクトで上体が少

ボールの位置は左足カカト延長上より
一個分左にしてください

しつまるようなイメージになるので、注意しましょう。

また、ボールと体の距離に関しては、クラブが長くなった分、以前よりも離れますが、基本的には、ボールからどれだけ離れて立つかを考えるよりも、アドレスしたときに、グリップエンドが体から拳2個分ほど離れるように構えてください。

握り拳ふたつ分

■ティアップの高さはドライバーの厚みに応じて変える

各メーカーが出す高反発ドライバーによって、フェースの厚みに差があります。それによって、ティアップの高さも変わってきます。

基準としては、クラブヘッドを地面にソールしたとき、フェースの芯よりも少し上にボールの中心がくる感じです。ティアップの高さに関しては、好き嫌いがあるので、あとは自分の好みに応じて、微調整するのが望ましいでしょう。高くしたから極端に飛距離が伸びるものでもないし、低いからといって、飛ばないわけでもありません。

ただ、高反発ドライバーは、クラブ自体が長くなったし、ディープフェースが多いので、今までよりも少し高めにしたほうが、ボールが上がりやすいことは間違いありません。僕自身、ティアップを少し高くしています。

また、極端に低くティアップすると、ボールの上から打ち込むようなスイングになります。これでは、ボールが上がらないし、高反発ドライバーの特性を生かせないので、注意しましょう。

■体重配分は、右足に6割、左足に4割が基本

高反発ドライバーだからといって、特別に変わった打ち方をする必要はありません。体重配分も右足に6割、左足に4割とオーソドックスです。ボールの後ろを左目で見るように構えると、右足に少し多めに体重が乗ります。

ドライバーの長さが43・5インチぐらいしかなかったときは、ボールの上からぶつけるようにして打つと、飛距離が出ましたが、高反発ドライバーで同じ打ち方をしても、飛距離を稼ぐことはできません。

アッパーブローでボールをとらえたほうが、ボールがドロップするので、飛距離が伸びます。ダウンスイングで体重が少し右足に残り、ボールよりも体が左にいかないうちに、インパクトを迎えるイメージです。そのため、アドレスしたときに、スイング軸がボールよりも左にいかないように構えます。

ボールを左に寄せた分、ヘッドが最下点を過ぎてからインパクトを迎えるので、アッパーブローになります。ボールをあおるような打ち方にはなりません。

高反発ドライバーの特性は、球離れの速さにあります。そのため、ボールの上から

右足と左足は6対4で体重配分をする

ヘッドをぶつけるような打ち方をすると、ボールがどこへ飛んでいくか分かりません。アッパーブローにとらえたほうが、飛距離が伸びるだけじゃなく、方向性も安定します。

■ソールして構えたほうが自然に振れる

アドレスしたときに、ソールを地面につけて構える人もいれば、浮かせて構える人もいます。どちらが、高反発ドライバーに適しているかは、一概にはいえません。ただ、ソールを浮かせて構えるということは、クラブを両腕で支えている分、力みにつながる可能性が高いといえます。

飛ばしで最も避けたいのは、両肩に力が入ることです。アドレスしたときに、ヘッドを地面につけておけば、両肩に力は入りません。その状態から、自然に上半身を捻転できれば、それが理想です。

しかし、上体を上手く捻転できない、手からクラブを上げてしまうという人にとって、ソールを浮かせたほうが、バックスイングで左肩を入れやすくはなります。

ヘッドの重みを両手で感じながら、ゆっくりと体を回すのであれば、ソールしないほうがいいかもしれません。また、バックスイングで、クラブを上げるのが速いといわれる人にも、ソールを浮かせて構えることは有効です。

■剣道の〝お面〟から状態を前傾させよう

アベレージゴルファーのアドレスを見ると、両手の位置が人によっていろいろです。ハンドファーストになっている人もいれば、スタンスの中央にある人もいます。高反発ドライバーでは、どういう形がいいのでしょうか。

ドライバーを持ち、剣道の〝お面〟のように、最上段からクラブを振り下ろします。そのまま、上体を前傾させ、ヘッドを地面に下ろしてきます。このとき、両手がボールよりも右側にあれば、それで構いません。無理にハンドファーストにすることはないでしょう。

また、アドレスするときは、背中を丸めずに、背筋をしっかり伸ばします。お尻が少し出るような形になります。

前傾角度については、その人の身長にもよるので、個人差があります。クラブの長さによって、多少前屈みになる人もいれば、上体が起き上がる人もいると思います。

剣道の〝お面〟を思い浮かべて

ヒザを曲げて腰をおとす

背筋を伸ばして前傾する

■クラブフェースは左を向いても構わない

アドレスしたときに、クラブフェースを目標に対して平行に合わせようとするアベレージゴルファーがいますが、高反発ドライバーでは、その考えを捨ててください。

僕のフェースアングルは、フェードヒッターということもあり、0・5度です。多少左を向いている感じですね。市販されているクラブは、3度が一般的なので、構えたときにかなりフェースが左を向いていると感じるでしょう。

でも、これがスクエアな状態であり、ボールをしっかりつかまえるための要因です。あとはそのまま左サイドに思い切って振ることでボールを遠くへ飛ばせます。それを無理にフェースを開いて、目標に対してスクエアにすると、ダウンスイングでフェースが開いた状態で下りてきます。

ボールは右に曲がるか、そのまま真っ直ぐ右へ飛んでいくかのどちらかです。自分で右にボールがいくと分かると、今度はダウンスイングで無理にクラブを閉じようとするため、スイングに変なクセがつき、ボールを芯でとらえることができなくなります。

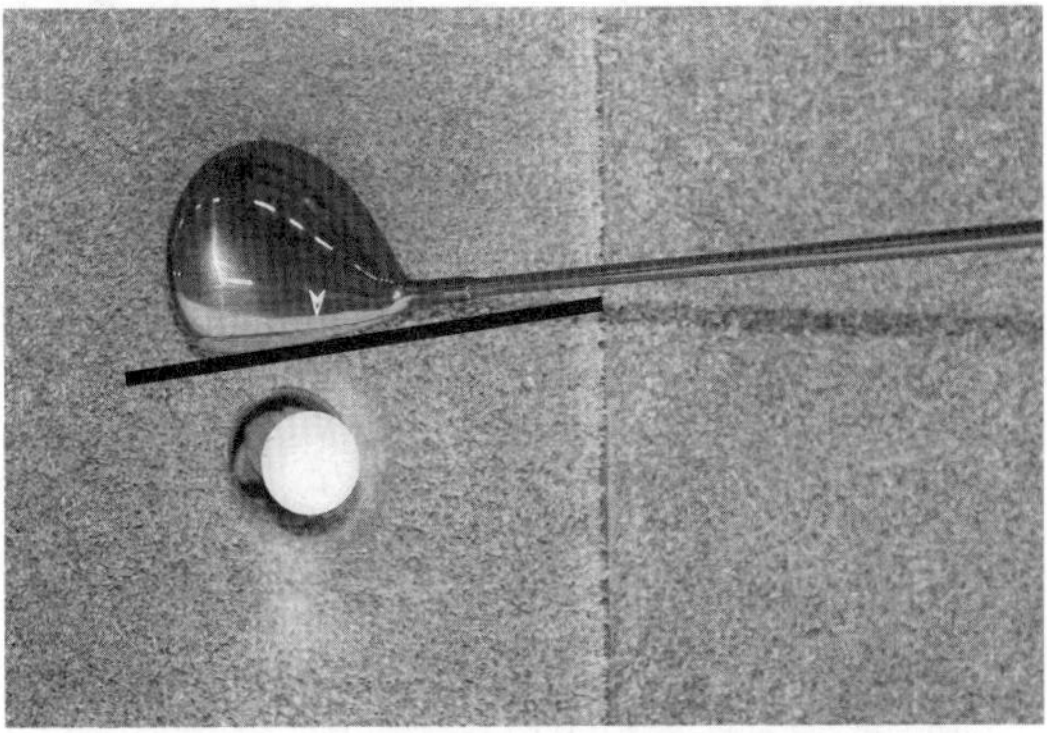

フェースが多少左向きでも恐れずに

ドライバーを構えたときに、ソールが地面にピタッとつくように置いてみてください。そのときのフェースの向きがスクエアです。

また、僕がよくアベレージゴルファーに、

「自分の体の左サイドにクラブを振り抜いてください」

とレッスンすると、引っかけが出るんじゃないかと心配する人がいます。確かに、クラブを手だけで引っ張り下ろせば、ボールは左へいきます。しかし、体も一緒に回転していることを忘れないでください。

クラブヘッドは体から一番遠い位置にあるのです。体の回転よりもヘッドが遅れてくる分、左に振っても、インパクトでフェースがスクエアになるので、絶対にボールを引っかけることはありません。

ボールが右にいく人は、振り遅れているからです。もっと左サイドにクラブを引っ張ってみましょう。ボールを打った後に、右足が一歩前に出るぐらいの勢いで振ってほしいですね。どうしても右にしかボールがいかない人は、本当に左へ引っかけるぐらいのつもりで振ってみたほうがいいかもしれません。

■打ち上げ、打ち下ろしでは目線と肩のラインが大事

打ち下ろしホールでは、目線をフェアウエーに置くと、どうしても、アドレスで右肩が前に出てくる傾向にあります。このまま、ボールを打つと、スイング軌道がアウトサイドインになり、ボールをカットに打つため、スライスになります。

どんな状況でも、目標に対してスクエアに構えることが大切です。

気をつけをした状態から、スタンスを広げ、両ヒザを結んだラインと腰のラインが飛球線に対して平行になるように構えます。

さらに、肩のラインも飛球線と平行になるように意識します。常に、このスクエアなラインを守らないと、スイングがおかしくなる可能性があります。

したがって、打ち下ろしホールでは、フェアウエーに目線を置くのではなく、ティグラウンドと同じ高さに目線を置くようにします。それが、空であるかもしれないし、高い木や鉄塔のときもあるでしょう。

同様に、打ち上げホールでも、グリーンを直接見ようとするのではなく、ティグラウンドと同じ高さのフェアウエーを見ます。

目線と同様に肩のラインにも注意してください

このような肩のラインにならないように注意して下さい

仮に、打ち上げホールでボールを上げたいなら、ティアップを高くして、スイング軌道がアッパーブローになるようにしましょう。いつもと同じスイングをして、ボールがフェースの上側に当たれば、高く上がります。

逆に、ボールを低くしたいなら、ティアップを低くして、フェースの下のほうにボールを当てるようにすれば、低く飛んでいきます。

大切なのは、常にスクエアなアドレスをとることです。

【バックスイング編】

■バックスイングでは、左肩をアゴの下に入れる

アベレージゴルファーの悪いクセのひとつに、テークバックでクラブを手先だけで上げようとすることがあります。

アドレスして、腰の高さに両手がくるまでは、クラブヘッドを真っ直ぐ引いてください。その際、手でクラブを引くのではなく、上体の捻転を利用すること。

左肩をアゴの下にしっかり入れるイメージです。クラブを持たずに、アドレスの形をつくってみましょう。左腕を伸ばしたまま、左肩をアゴの下にギュッと入れます。その間、手首を絶対に捻らないようにします。アドレスでの手首の形をキープしたまま、上体を捻転します。

左肩をアゴの下に入れると、自然に腰の高さまで腕が上がるはずです。そこから手首のコックを初めて使い、クラブを上げていきます。（105ページ参照）

バックスイングで手首のコックを使えば、ダウンスイングでは、そのコックを解こ

左肩をしっかりアゴの下に入れてください

うとします。こうすることで、より強くボールを叩けるので、飛距離が伸びます。

基本的には、左肩がアゴの下にくるまで、上体を捻転できれば十分ですが、体が柔らかい人は、右足のツマ先の上に左肩がくるまで上体を捻転してもけっこうです。そのほうがパワーを十分に蓄えられるので、ヘッドスピードが一層上がり、飛距離が増します。

体が硬くてそこまで肩が回らない人は、左足のカカトを浮かせてみましょう。ヒールアップすることで、左肩が右足ツマ先の上までくるはずです。

ヒールアップというのは、テークバックと同時に行うのではなく、上体を捻転していく過程で、もうこれ以上捻ることができないときに、自然と行われるものなのです。

■肩の回転は115〜120度。腰は75度以上

タイガー・ウッズのスイングスピードは、なぜあれほどまでに速いのでしょうか。それは、上体と下半身の捻転差が大きいからです。ウッズによれば、肩の回転が90度で、腰の回転が45度になるのが理想といいますが、これは、背筋や下半身が相当鍛え

られている人に当てはまる話です。

バックスイングで腰の動きを止め、上体を十分に捻り、それをダウンスイングで一気に戻せば、スイングスピードは一気に増します。

上体と下半身の捻転差が大きければ大きいほど、バックスイングでたまるパワーも大きくなります。

例えば、非常に軟らかい消しゴムがあったとします。その下のほうを固定して、上だけを捻ります。ある程度まで捻ってから、手を離すと、勢いよく元の形に戻ろうとします。これと同じ原理です。しかし、下を固定せず、上と同時に捻ってしまうと、捻転差は小さいし、戻すスピードも速くありません。

バックスイングでも、同じことがいえます。腰の回転を抑えれば抑えるほど、捻転差が大きくなり、ヘッドスピードが上がるのです。ウッズのスイングスピードが速いのも、腰を45度しか回していないからです。

しかし、アベレージゴルファーは、そこまで体を鍛えていないので、腰を45度の位置に止めておくことは難しいのが実情です。それよりも、肩をしっかり回すことを心がけたほうが、結果的に、飛距離アップの要因になります。

左肩を右足ツマ先まで回せば、115度から120度ぐらい回したことになります。それに伴って、腰は75度か、それ以上回しても構いません。

背筋力がそれほど強くない女子プロを見ると、皆、バックスイングで上体を十分に捻転しています。上体と下半身の捻転差をつくれないのなら、右足に体重をしっかり乗せ、背中の張りを感じるぐらい、肩を回すようにしましょう。

■イスに座ってどれだけ肩が回るか試してみよう

バックスイングでこれだけ肩を回せといっても、人によって、体の柔軟性に差があるので、戸惑う人がいるかもしれません。

まず、イスに座って、実際に肩がどれぐらい回るかチェックしてみましょう。背筋の軟らかさ、筋肉のつき方によって、回る度合が変わってきます。自分で、肩の回転が浅いと思ったら、腰を一緒に回してみてください。このときの角度が、自然な肩と腰の回転角度だと考えて構いません。

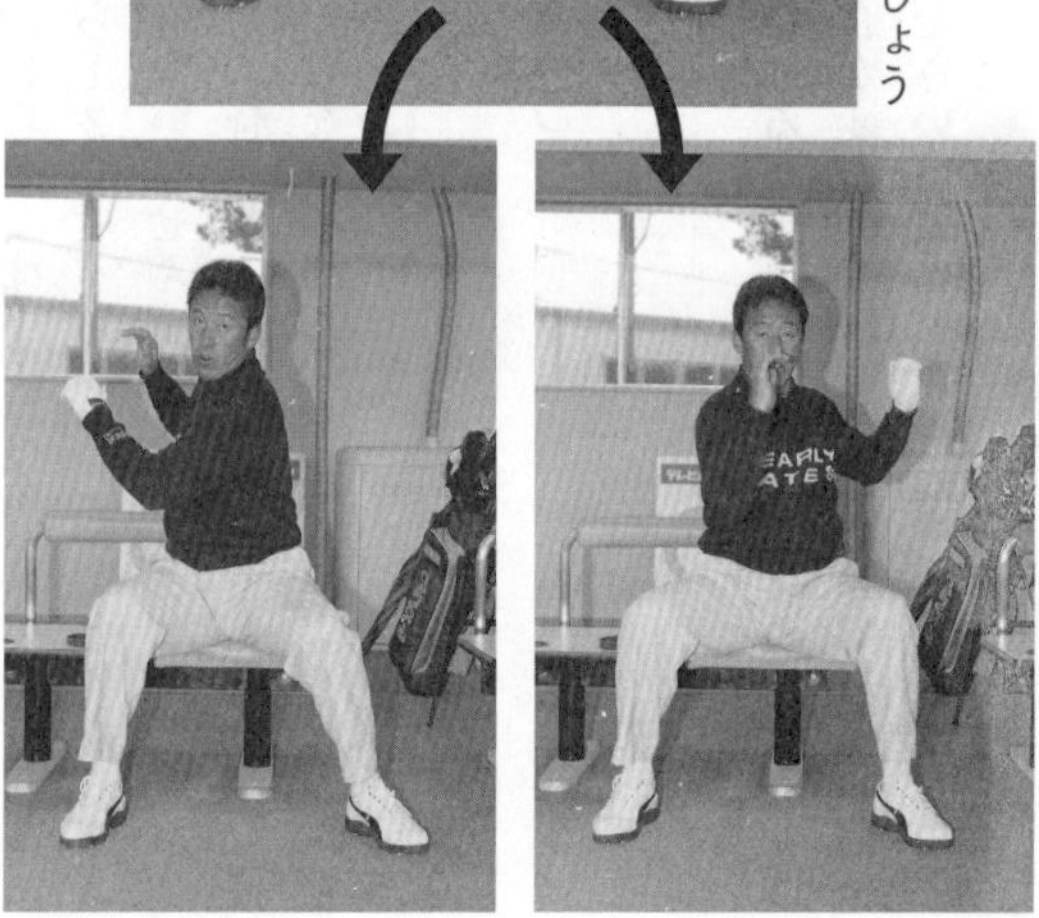

イスを使って肩が回るか簡単にチェックしてみましょう

■スイング軸は首のつけ根、直径10センチぐらいの太さをイメージする

ボールを遠くへ飛ばすうえで、スイング軸をしっかり意識することは重要です。スイング軸がぐらついてしまっては、クラブをスムーズに振れず、ヘッドスピードも上がっていきません。

ひと昔前は、スイング軸をイメージするときに、首から釘を打たれた感じという表現をしていました。その細いスイング軸を中心に、体が左右にスライドしないように振ることが正しいとされていたのです。

よく、「スイング中は、ボールを見たまま、顔を動かすな」と、いわれたのも、そのためです。

しかし、高反発ドライバーになって、クラブ自体が長くなり、スイング自体が、横振りになってきました。アップライトからフラットなスイングになったのです。フラットなスイングで、頭をアドレスの位置から動かさないようにすると、バックスイングで左肩が下がる傾向にあります。

バックスイングでは、多少、頭が右にスライドしてもいいから、左肩が下がること

少し太めのスイング軸を意識すると
振りやすくなります

を防いだほうが、正確なスイングをできます。そのため、スイング軸をそれほど細く考える必要はありません。

丸太ほど太く考える必要はありませんが、首のつけ根に直径10センチぐらいの杭をスイング軸としたほうが、高反発ドライバーでは、振りやすいといえます。スイング軸を太く考えておけば、バックスイングで顔が一緒に動いても、気にならないはずです。

あくまでもスイング軸は1本と考えてください。その右端と左端の範囲内で動く分には、問題ないのです。アドレスしたときの、右肩の位置に、バックスイングで頭がきても、構いません。

■手首のコックを使うタイミングを覚えよう

バックスイングでは、とにかくボディターンを意識すること。間違っても、手首だけでクラブを上げないようにしましょう。ただし、クラブを腰の高さまで上げたら、手首のコックを使ってクラブを上げます。ここで、誤解してほしくないのが、コックを使うタイミングです。

アプローチのように、最初から手首のコックを使ってしまうと、肩をほとんど回さずに、クラブを上げてしまいます。これでは、飛ばしに必要なパワーをためることはできません。自分の中で、左肩が右足ツマ先の前まできたら、コックを使うという意識を持つようにしましょう。

肩をしっかり回します。腰の高さまできたら手首のコックを使います

■右足に自分の体重をしっかり乗せよう

高反発ドライバーを打つ場合、しっかり体重移動を行ってください。クラブが長い分、体重移動しないと、遠心力を十分に生かせないからです。

ウエートシフトでは、バックスイングでどれだけ右足に体重が乗っているかが大切です。アドレスして、トップスイングまでクラブを上げたときに、左足を浮かせることができれば、右足にしっかり体重を移動しているといえます。左足を上げることができない人は、体重移動が不十分だということです。

ボールを打とうという意識が強すぎると、自分では、右足に体重を移しているつもりでも、実際は、左足に体重が残っていることが多く、左肩が下がる傾向にあります。逆にいえば、右足に体重を完璧に移動していれば、左肩が下がることなく、バックスイングできるのです。

基本的に、上体を前傾させているので、両肩を水平に回すことはできません。しかし、前傾角度に対しては、両肩を平行に回すようにしてください。

体重は右足に乗せる

左に体重が残っていると左肩も下がってしまいます

■1本足打法なら体重移動をマスターできる

体重移動をスムーズにできない人は、思いきって、1本足打法に挑戦してみましょう。バックスイングと同時に、左足を上げ、トップスイングからダウンスイングの切り返しで左足を着地させてからボールを打つようにします。

これなら、バックスイングで左足に体重が残ることもないし、ダウンスイングでも、左足にしっかり体重を乗せられるはずです。

ボールを打たなくてもいいので、とにかくこのときの体の使い方、リズムをマスターすることが大切です。

また、クラブヘッドの重みを感じながら、リズムよく振る練習をするなら、バスタオルの先端を結び、それをヘッドだと思って、スイングしてみましょう。クラブと同じつもりで、両手でしっかりと握り、ムチのようにしならせながら振ります。

これを何回か繰り返していくうちに、スイングリズムも身につきます。

1本足打法で、体の使い方やリズムを覚えてください

■力の入れ方はバックスイングが3、フォロースルーが7

ボールを遠くへ飛ばす理想的なスイングとは、インパクト以降に、ヘッドスピードが最大になることです。アベレージゴルファーの多くは、バックスイングにほとんどの力を費やしているため、フォロースルーでヘッドスピードが落ちています。

目一杯の力でクラブを振っているのに、飛距離が伸びない理由はそこにあります。バックスイングでは、できるだけ体をリラックスさせ、スムーズにクラブを上げることだけ考えればいいのです。ボールを投げるときでも、腕を後ろに引くときに、思いっきり力を入れないはずです。それと同じことです。

10の力でクラブを振るとしたら、アベレージゴルファーは、バックスイングに8割、フォロースルーに2割の力配分です。理想は、バックスイングで3割、フォロースルーで7割の配分です。これを僕は〝3対7の法則〟と呼んでいますが、ヘッドスピードを加速するうえで、最適な割合です。

アドレスのときに、上半身に3割、下半身に7割の配分で力を入れるようにいいましたが、それと合わせて覚えましょう。

“3対7の法則” はとっても大切です

■バックスイングが早いとフォロースルーでヘッドスピードは落ちる

アベレージゴルファーが飛ばそうとすると、どうしてもクラブを早く上げる傾向にあります。しかし、バックスイングで力を入れれば入れるほど、ダウンスイング以降、ヘッドスピードが落ちます。フォロースルーでヘッドスピードがＭＡＸになることが、飛距離アップの秘訣です。

フォロースルーでヘッドスピードを最大限に近づけるには、バックスイングで、クラブをゆっくり上げることです。アドレスからバックスイング、ダウンスイング、フォロースルーと、パワーを徐々に出していくイメージです。

中には、バックスイングでクラブを素早く上げても、ダウンスイング以降、ヘッドスピードが落ちない人がいますが、よほどのパワーの持ち主にしか、できない芸当です。

プロゴルファーでも、セルヒオ・ガルシアのように、最初から最後までヘッドスピードが落ちないプレーヤーがいますが、それは、彼特有の柔軟性と若さがあってこそ、できるのです。

しかも、44インチのスチールシャフトを使っているので、素早くバックスイングを行っても、シャフトがたわみません。46インチのカーボンシャフトで、ガルシアと同じくらいのスピードでクラブを上げると、シャフトがたわみ、ヘッドが遅れてトップスイングを迎えるので、まともにボールをヒットできません。

テークバックでは、できるだけゆっくりと、懐を広く使えるように、大きな弧を描くように、クラブを上げましょう。懐が広くなれば、遠心力をより一層活用できるので、飛距離は伸びます。

■ボールを投げるときに上げた右ヒジの高さに応じて右手を合わせる

正しいトップスイングの位置まで、クラブをゆっくり上げるドリルとしては、まず、アドレスの形をつくり、左手を外します。両手でクラブを上げるよりも、右手1本のほうが、勢いよくクラブを上げようとしないからです。

クラブヘッドの重みを感じながら、右手を上げていくと、あるところで右手が止まります。このときの右手の形は、ボールを投げるときに右腕を上げたときの形と、ほ

ボールを投げるときをイメージしてください

ぼ同じになっているはずです。

人間にとって、このボールを投げるときに右腕を上げた位置が、一番力が入るポジションなのです。トップスイングでも、この位置に右手を上げ、そのまま左手を合わせると、ダウンスイング以降、力を最大に放出できるトップスイングになります。

このポジションを意識してクラブをゆっくり上げると、トップスイングで懐が広くなります。ダウンスイングでも、よけいな動きをすることなく、そのままクラブを下ろしてくることができるので、より正確なインパクトを迎えられるわけです。

アベレージゴルファーは、このトップスイングの位置が安定しないので、ダウンスイングの切り返しでいろんな動きをしようとするのです。

例えば、バックスイングでクラブフェースを閉じて上げたとします。ダウンスイングでそのままクラブを下ろしてくれれば、フェースが閉じた状態でインパクトを迎えるので、ボールは左へ飛んでいきます。逆に、フェースを開いてクラブを上げ、そのまま下ろすと、ボールは右へ飛び出します。

アベレージゴルファーは、その弾道を見て、インパクトでフェースがスクエアになるようにクラブを下ろそうとするため、手首をこねようとします。わざわざ自分で難しいスイングを行っているのです。

正しいトップスイングの位置を理解し、あとはそのまま下ろしてくれば、無駄な動きがない分、ヘッドスピードを加速でき、飛距離が伸びます。

フェースが閉じたり、開いたりして、方向が安定しない

■トップスイングで笑顔を見せるぐらいの気持ちで振ろう

アベレージゴルファーに力まないようにアドバイスしても、すぐにリラックスしたスイングをできる人は、それほど多くはありません。ボールを叩こうという意識がある以上、どうしても、力が入ってしまうようです。

そういう人は、トップスイングでペロリと舌を出すか、笑顔をつくってみましょう。プロゴルファーでも、練習ラウンドでは、仲のいい選手と一緒に回るせいか、話しながら、ボールを打つことがあります。ボールに集中できないだろうと思う人がいるかもしれませんが、それでいいのです。サーッとクラブを上げて、何も考えないうちにクラブを下ろしてくるので、体によけいな力が入ることがありません。

アベレージゴルファーでも、練習場で友人と話しながらボールを打っているときのほうが、いいボールを打っていたりします。トップスイングに力が入らないので、形のいいインパクトを迎えることができるからです。

ミスショットする人というのは、トップスイングで歯を食いしばっているので、フォロースルーでヘッドが走らないし、正確なインパクトも迎えられません。

トップスイングで笑顔をつくれば、体全体の筋肉も緩んできます。捻転した背中の筋肉をフォロースルーで元に戻そうとするときに、初めて歯を食いしばるわけです。

高反発ドライバーでは、よけいにフォロースルーでヘッドを走らせることが重要です。そのためには、リラックスしてクラブを振ることがベストです。

ここで笑顔を出せるようになったら、いい状態

【ダウンスイング編】

■おへその高さにクラブを上げてスイングすると、体の回転が分かる

スイングの全体的な動きを知るには、いきなりボールの横にクラブヘッドを置いてスイングするよりも、一度、クラブを腰の高さまで上げ、その高さをキープしながら、フィニッシュまで振るといいでしょう。トップスイングでは左肩が、フォロースルーでは右肩がしっかり入った形になるので、ボディターンを意識できます。

特に、フィニッシュでは、上体がスムーズに回転するので、自分が普段、いかに上体の回転が足りなかったか気づくでしょう。

あとは、そのまま、上体を前傾させていき、スイングプレーンの角度を下ろしていけば、正しいスイングになります。注意点は、スイングプレーンの角度を変えたからといって、体をレベルに回したときの動きを変えないことです。そうすると、フィニッシュでは、自分の上体を飛球線に対して直角に向けられるようになります。

飛ばしで大切なのは、インパクトでボールがクラブフェースに当たった瞬間ではあ

りません。フィニッシュまで振りきることで、ヘッドスピードが上がり、飛距離を稼げるのです。しかも、フィニッシュで正しい位置に手が収まるように振れば、より一層、素早くクラブを振れます。

フィニシュでは上体が飛球線に対して直角に向く

■バックスイングとフォロースルーは左右対称が理想

アドレス編で剣道の〝お面〟の形から、クラブを下ろし、左右対称の形で構えるように注意しました。同じように、バックスイングとフォロースルーも左右対称の形になるのが理想です。

バックスイングで両手を右耳の位置まで上げたなら、フォロースルーでは、左耳の高さまで両手を持ってくるようにします。

多くのアベレージゴルファーは、バックスイングで右耳の高さにまで両手を持ってくることができても、フォロースルーでは、両手が左耳よりも低い位置に収まっています。これでは、フォロースルーでヘッドスピードを上げることができず、飛距離も伸びません。

剣道の〝お面〟の形をとったら、クラブヘッドを下ろさずに、そのまま左肩を右へ回してみましょう。両手が右耳の位置にきます。今度は、右肩を左へ回します。すると、両手が左耳の高さにきます。これが、左右対称のバックスイングとフォロースルーの位置なのです。

上体を前傾させても、同じように体を回転すれば、フォロースルーでも、両手の位置が高くなります。

■飛ばしの基本はアプローチにある

左右対称のスイングをしろといっても、ドライバーショットのように、大きなスイングでボールを打つ場合、体につい力が入ってしまうので、バランスを崩すことが多いかもしれません。

そういう人は、まずアプローチで左右対称のスイングをできるように練習してみると、効果的です。

アプローチで50ヤードの距離を打つのに、30ヤードのバックスイング、50ヤードのフォロースルーをとるとどうなるでしょうか？　また、同じ50ヤードの距離を打つときに、80ヤードのバックスイング、50ヤードのフォロースルーをするとどうなりますか？

たいていの人は、ボールを打つときに、バランスを崩します。ダウンスイングか、

すべての基本、アプローチでチェックも有効

インパクト前後で、上体がガクリと落ちたりします。

バックスイングでも50ヤード、フォロースルーでも50ヤードの大きさでクラブを振ったときに、初めてバランスのとれたスイングでボールをとらえられます。

そのため、アプローチが上手い人は、ドライバーショットでも、きちんと左右対称のスイングをできます。

ゴルフスイングにおいて、すべての基本はアプローチにあります。力んだときや、調子が悪いと思ったら、まずアプローチで左右対称のスイングができるかどうか、チェックしてみましょう。

■ダウンスイングでは、右肩と右腰をボールにぶつけるイメージ

高反発ドライバーは、シャフトが長いので、クラブヘッドが大きな弧を描けば描くほど、遠心力が生まれ、ヘッドスピードが加速します。

ヘッドが大きな弧を描くには、体の、右サイドでクラブを下ろすようにします。

下半身でクラブを下ろそうとするのではなく、ダウンスイングの始動を、右肩と右

腰の2箇所から始めるわけです。

以前は下半身からダウンスイングを始動するようにいわれていましたが、アベレージゴルファーの場合、下半身から先に動かすと、まずシャフトが寝て下りてきます。これでは、ヘッドスピードを上げることはできません。

右肩と右腰を同時にボールにぶつけるようなイメージで下ろせば、シャフトが寝て下りず、ヘッドスピードも上がります
また、下半身主導のバックスイングを行うと、ダウンスイングで、クラブフェースが開いて下りてきます。インパクトまでに、開いたフェースを閉じなければ、ボールを右に打ち出すか、カットに打つことになります。

高反発ドライバーでは、できるだけ、フェースの向きを変えないようにクラブを上げて下ろしたほうが、確実に飛距離が伸びます。少しでもフェースを被せて打つと、インパクト後にボールがドロップしてしまうので、飛距離が出ません。

ヘッドスピードを出すコツは、右の肩と腰のイメージ

64
63
62
60

■左腰が引けた形にならないと、飛距離は伸びない

ダウンスイングでは、右肩と右腰をボールにぶつけるイメージでスイングするようにいいました。アベレージゴルファーは、体の正面でボールをとらえようとすると、インパクトパクトでクラブヘッドが遅れてきます。

左腰が開いた状態になり、クラブフェースが開いたままボールをとらえます。これでは、ボールを右へ押し出してしまいます。

右肩と右腰が、右足の前にきたときに、ボールをとらえるぐらいの気持ちで打ったほうが、好結果につながります。

すると、左腰が後ろへ引けてしまう形になると思うかもしれませんが、たとえ左腰が引けても、体重を左足に移動できれば、なんの問題もありません。

むしろ、右肩をボールにぶつけるような動きをする以上、左腰が引ける形になって、当然なのです。

左腰が引けるのを恐れてはいけません

■ダウンスイングでタメはいらない

パーシモンヘッドのドライバーと、バラタカバーの糸巻きボールを使っていた時代は、ほとんどのプロが、ダウンスイングでタメをつくっていました。

手首のコックを解かずに、グリップエンドを真下に下ろすようなイメージでクラブを下ろし、インパクト直前に手首を使ってヘッドを返します。ボールを包み込むようなイメージでボールを打っていたのです。

ボールに強烈なフック回転をかけ、ランを稼げるドローボールを持ち球にしていました。この打ち方が、ボールを遠くへ飛ばすには最も適していたのですが、高反発ドライバーで、同じ打ち方をすると、大変なことになります。

ボールに左回転がかかるものの、オーバースピンが強くかかりすぎるので、打ってから、すぐにボールが地面に落ちます。ドロップフックと呼ばれる球筋ですが、どんなに力がある人でも、遠くへ飛ばすことはできません。

ダウンスイングでは。手首のコックを使わずに、右肩と右腰をボールにぶつけていきます。あとは、飛球線に対して、〝左向け左〟の感覚で、体を動かし、一気にフィニ

タメをつくって下に叩きつけてしまうと飛距離は出ません

ッシュまでクラブを振り抜きます。

ただし、フィニッシュの位置は、個人差があるので、あらかじめ、どこにクラブを振り抜いていけばいいか、確認しておきましょう。

■ダウンスイングでタメをつくると、振り遅れる

高反発ドライバーでは、自分のスイングプレーンに対して、クラブヘッドがそのまま下りてくれば、遠心力が最大になり、飛距離がアップします。シャフトのしなりも自然に生まれ、それがインパクトで元に戻ろうとする力で、ヘッドがさらに加速します。

しかし、ダウンスイングをコンパクトにして、昔ながらのタメをつくったスイングだと、シャフトが長い分、しなりが大きくなり、インパクトでヘッドがアドレスの位置に戻ってきません。体の動きにスピードをつけてクラブを下ろしたときも、シャフトがしなりすぎます。

ダウンスイングでは、できるだけゆっくりと大きくクラブを振り下ろすことが重要

です。ヘッドがスイングプレーンから外れることもないし、シャフトがしなりすぎることもありません。インパクトでフェースがアドレスの位置にきちんと戻れば、方向性もアップします。しかも、遠心力を上手く利用できるので、ヘッドスピードもアップします。

■高反発ドライバーは最下点を過ぎてから、ボールをとらえると飛ぶ

球離れの早い高反発ドライバーでは、アイアンショットのように、ボールの上からクラブヘッドを下ろしてくると、ボールがどこにいくか分かりません。

ダウンスイングでは、体を水平に回すことを忘れないようにしましょう。これなら、ボールの上からヘッドを下ろしてしまわないようになります。

ドライバーショットでは、ボールをティアップしているので、ヘッドがスイングの最下点を過ぎてから、ボールをとらえます。つまり、アッパーブローでボールをとらえるわけです。これなら、高反発ドライバーでも、ボールにスピンを与えられるので、真っ直ぐ飛ばすことができます。

このとき、注意するポイントは、いかにやさしくボールを叩けるか、です。力任せに、ボールを叩いてしまうと、球離れが早い分、どこに飛んでいくか分かりません。ボールを軽く打つことで、軽いオーバースピンがかかり、インパクト後に、ゆっくりとボールが飛び出していき、なかなか落ちてこない球筋になるのです。

何度もいうようですが、絶対に、下半身主導のスイングと手首のコックは禁物です。体を水平に回せなくなるので、ボールの上からヘッドを下ろしてしまうからです。

■ボールを叩くのではなく、掃くイメージで打つ

飛ばすためには、ボールを強く叩く。ひと昔前なら、それでもよかったでしょう。インパクトでボールがそんなに弾かれないし、球筋も操作できましたから。しかし、高反発ドライバーでは、ボールを強く叩くイメージは一切ありません。

ボールをクラブヘッドで掃くようにとらえるだけです。

アベレージゴルファーは、ボールを叩きにいくから、フォロースルーが短くなり、ヘッドスピードが上がらないのです。

大きくゆっくり振ること。そのためには、クラブを逆さにして振ったり、タイヤのチューブのようなものの先端に重りをつけてスイングしてみましょう。とりあえず、クラブヘッドの重みを感じることが重要です。それを感じられないから、スイングリズムがどうしても速くなるのです。

アドレスからヘッドの重みを感じるようにしましょう。

グリップに力は入っていませんか？

スムーズなワッグルはできますか？

まず、これができないと、スイング中にヘッドの重みを感じることなどできません。どうしても、スイングリズムの速い人は、シャフトがグニャグニャしているもので、ヘッドがついている練習器具が市販されています。これだと、シャフトが極端に軽いので、スイング中、どこにヘッドがあるのか分かります。

ゆっくりとしたスイングで、シャフトの硬度、ヘッドのバランスなどが分かるようになれば、飛ばしのスイングはできたも同然です。

■ボールを最後まで見る必要はない

米ツアーのトッププロ、デビッド・デュバルは、インパクト以降、顔が上がるのが非常に早いという印象があります。まるで、インパクトの段階からボールを見ていないようにも感じますが、実際、ボールを打ったら、そのまま頭を残しておく必要はありません。

昔は、とにかくボールを最後まで見ろといわれました。そうしないと、ナイスショットできないというのが理由です。ところが、ボールをいつまでも見ることにこだわっていると、ダウンスイングで右肩が下がってしまい、逆にミスショットの原因になりかねません。

高反発ドライバーを打ちこなすには、右肩をボールにぶつけようとしたときには、すでに上体が回っていることが理想です。意識としては、ダウンスイングでは、もうボールを見る必要はないのです。

もともと、ダウンスイングに所要する時間は、コンマ何秒の世界です。問題は、ボールを見ることよりも、いかに体を回すかにあるわけですから、無理にボールを見ようとして、それが体の回転の妨げになるのは、ナンセンスなのです。

ダウンスイング以降は、せいぜいボールの行方を見るぐらいでいいでしょう。トップスイングまでいったら、あとは体をターゲットに向けたほうが、ヘッドスピードは絶対に速くなります。

ただし、ヘッドアップをしても構わないといっているのではありません。そこだけ意識すると、上体の起き上がりが早くなり、かえってミスが出ます。あくまでも、ボールを見ようとする必要はないといっているだけです。

■ヘッドスピードがある人は、クラブを少し短くしてみよう

2000年の賞金王、片山晋呉君は、シャフトを長くして、手首のコックを使わずに、クラブを上げています。決して、無理にボールを上げようとせず、体をレベルに回しています。彼のクラブは、45~46インチですが、これぐらい長いシャフトでも、力を入れずに、正しい体の回転でクラブを振れば、逆に飛距離が伸びます。

しかし、伊沢利光君やタイガー・ウッズのようにパワーのある人や、ヘッドスピー

ドが速い選手を見ると、どんどんシャフトの長さが短くなっています。なぜなら、ヘッドスピードの速い選手が、長いクラブを使うと、どうしても、ダウンスイングで必要以上にシャフトがしなり、自然にタメができてしまうからです。

下半身主導のスイングで、アッパーブロー気味にボールをとらえると、クラブヘッドが遅れてインパクトを迎えます。そのため、フェースが右を向いたままの状態でボールを打つから、右へスッポ抜けるような打球になるのです。それを避けようとして、クラブフェースを返すと、チーピンになるわけです。

しかし、シャフトを少し短くすると、シャフトのしなりを抑えられ、ヘッドの遅れを防げます。高反発を使い始めた最初のころは、僕も45インチの長さでした。しかし、ドローボールを打とうとすると、ボールが右へ飛び出してしまうので、もっとクラブを鋭く下ろしてきたいと考え、44・5インチの長さにしました。

たった0・5インチ短くしただけでも、振り遅れがなくなり、右へ飛び出したままの球筋も出なくなりました・

ただし、アベレージゴルファーの場合、そこまでヘッドスピードがあるかどうかが疑問です。最低でも、40ｍ／秒以上なければ、シャフトを短くする必要はありません。とりあえず、一度自分のヘッドスピードを確かめてみましょう。

■ラウンド中、1発でもいいから飛ばしたいなら長いシャフトがいい

プロゴルファーが選ぶドライバーというのは、平均点以上の飛びと絶対的な方向性の安定感という、ふたつの条件を満たしたものです。そのため、驚異的にボールを飛ばすことができるけど、豪快に曲がるようなドライバーは手にしません。

しかし、アベレージゴルファーの場合は違います。プロのように生活がかかっていないので、もっとリラックスしてゴルフを楽しめるからです。例えば、ドラコンホールだけでもいいから飛ばしたい、1日、1発でもいいから友人をオーバードライブしたいというような人なら、多少曲がっても、納得できることと思います。

絶対的に飛距離を優先したいなら、長いシャフトのほうがいいでしょう。ただし、曲がる可能性は大きいです。

逆に、少し短めのシャフトにすると、多少、飛距離が落ちますが、長いクラブほど、

飛距離にバラツキはありません。

また、現実的に考えた場合、ダウンスイングでタメをつくれるアベレージゴルファーはなかなかいないでしょう。長いクラブを使っても、シャフトがしなりすぎるほどヘッドスピードが速い人はいないと思います。それなら、確実に飛距離が伸びる長めのシャフトにしたほうが賢明です。

【フォロースルー編】

■左足股関節の上に上体をしっかり乗せるとスムーズな体重移動ができる

高反発ドライバーを打つ場合、できるだけアドレスの位置で体を捻転させ、それを戻してくることが理想です。

そのためには、バックスイングで右足に体重を乗せる際、体ごと、右へスライドしてしまう動きは避けるべきです。アベレージゴルファーは、上体を捻転しろというと、ただ体を右へ移して完了したと錯覚している人が多いので注意しましょう。

右足の股関節の上に、上体をしっかり乗せるイメージを忘れないようにします。

また、ダウンスイングでは、右肩と右腰を元の位置戻しますが、体がボールに正対した後は、今度は上体を目標に向けるように回転します。

その際、左ヒザが突っ張るような形になると、左足に体重が乗っていきません。左足をリラックスさせ、右肩と右腰が自然に左足股関節の上にくるようにします。

左足股関節の上に、右肩と右腰がくれば、しっかり体重が左足に乗っていると考えて構いません。この形を意識して、スイングしましょう。

左足股関節に上体がしっかり乗ればOK

■クラブヘッドが空を切る音を左耳で聞こう

バックスイングを3割、フォロースルーを7割の力配分にして、クラブを振るようにと説明した。芹澤流〝3対7の法則〟ですが、この割り合いどおりに、スイングしているかどうか、チェックしてみましょう。

一番分かりやすいのは、素振りです。アドレスからフィニッシュまできちんとスイングすると、どこかで、クラブヘッドが空を切る音が聞こえてくるはずです。

それでは、ここで問題です。「ビュン!」という音がどこで鳴りますか?

まず、バックスイングで音が出る人は、あまりにもアドレスから力が入りすぎです。こういうタイプは、まずトップスイングまでに力を使い果たしてしまうので、9対1ぐらいの割り合いになります。

次に、ダウンスイングで音が鳴る人。飛距離が伸びずに、頭を抱えているアベレージゴルファーの多くは、このタイプです。ボールを力一杯叩けば、遠くへ飛ぶと思っているため、トップスイングからインパクトまでに最大限の力を出そうとするのです。

このタイプもフォロースルーでは、1割ぐらいしか力が残っていないでしょう。

正解は、インパクト後、フォロースルーで音が鳴る人です。ここで音が鳴っていれば、ヘッドスピードが最大限に近いところで、ボールをとらえられます。

右耳ではなく、左耳から音が聞こえてくるようにしましょう。

ダウンスイングで、下半身があまり動かないように、しっかり粘らないと、フォロースルーで音は鳴りません。左腰が引けてしまうと、フォロースルーが短くなるからです。

左足の股関節の上に、しっかり体重を乗せるよう、体をターンすると、フォロースルーが長くなります。

素振りのときは、スイング中、どこに力を入れて、どこで力を抜けばいいのか、常に意識してクラブを振ってください。バックスイングで力が入れば、フォロースルーでまた力を入れることはできません。常にバランスを考えてスイングすることが、飛ばしにつながると考えましょう。

■フォロースルーでは、自分のベルトを水平に回すイメージを持つ

左右対称のスイングをすることが、飛ばしへの近道だといいました。実際は、上体を前傾しているので、多少角度はありますが、フォロースルーでは、腰を水平に回すように心がけましょう。

そして、体が目標に対して正対するようなフィニッシュをとります。飛球線に対して、左向け左の形をとるぐらいの気持ちで、体を目標方向に向けます。

この感覚を身につけるには、次のドリルが有効です。まず、クラブを持たなくて構わないので、自分の左サイドに壁がくるようにします。左足に体重を乗せておき、そのままクルッと体を左へ回転してみましょう。左腰が壁にぶつかったり、逆に引けてしまうようでは、腰を水平に回すことはできません。

スッと壁と上体が正対するような体の動きを覚えましょう。これができれば、体重移動もスムーズにできるようになるし、フィニッシュの位置も安定してきます。

また、スタート前に練習すると、腰や背中のストレッチにもなるので、バックスイングでも、より一層上体を捻転できるようになります。

ドリルも参考にして、腰を水平に回しましょう

■軽く振ってもボールは飛ばない。どこで力を出すか覚える

ゆっくりクラブを振ることと、軽くスイングすることは違います。大切なのは、スイング中、どこに力を抜いて、どこで出すかなのです。

自分では、ものすごい力でクラブを振っているのに、ボールがなかなか飛んでくれない。それがなぜだか分からない人がいます。いくら力を入れて振っても、その出し入れするところが違っては、ヘッドスピードは上がりません。飛ばなくて当然なのです。

まずは、素振りでフォロースルーのときに音を鳴らすこと。これができても、飛ばないという人は、ダウンスイングで右手が遅れてくるからです。フィニッシュまでしっかりクラブを振る意識がないから、フォロースルーで右腕を伸ばせず、力も入りません。

素振りのときは、フォロースルーで音を出すことに気持ちが集中しているから、自然に右腕が伸び、大きなフォロースルーになります。音も左耳から聞こえてきます。

しかし、ボールを打つとき、フォロースルーからボールに気持ちの集中が移ってし

まうのです。

その分、力を入れるところが、インパクト前になり、よけいなところで力を出そうとするのです。フォロースルーでヘッドスピードが落ちるのは、それが理由です。

ゆっくり振れば、力の出しどころ、抜きどころさえ間違わなければ、ボールは信じられないぐらい飛びます。しかし、どこにも力を入れずに軽く振っても、ボールは飛びません。

■フィニッシュでは、クラブヘッドが車庫に収まると考えればいい

フィニッシュでは、どういう形をとったらいいかと聞かれることがあります。体型やスイングによって、人それぞれなので、具体的にどういう形をとればいいかは、一概にはいえません。

ただ、体重がしっかり左足に移って、左右対称のスイングを心がければ、自ずとフィニッシュの形が決まってきます。その形ができるように、クラブを振っていけばいいのです。

イメージとしては、フィニッシュで、クラブヘッドが収まる場所を車庫だと考えます。クラブヘッドを自動車だと思い、その自動車を車庫に入れるようにスイングしましょう。

注意ポイントは、手だけでクラブを操作しないことです。

【応用編】

■スイングの基本は素振りで覚える

高反発ドライバーを打つうえで、必要なヘッドスピードをどうやって身につけるか。アベレージゴルファーに、いきなりクラブを速く振れと言っても、実現できるとは思っていません。どんな人でも、腕の力だけでクラブを速く振るには、限界があります。体の回転でヘッドスピードを上げることを理解しましょう。

体の回転スピードを上げるには、やはり、正しいウエートシフトを行うことです。左右対称のスイングで、体重移動ができていれば、ヘッドスピードは上がります。あとは、スイング中どこで力を入れて、どこで力を抜くかを体に覚え込ませるだけです。

その意味でも、ボールを打つ前に、必ず、素振りをしてください。そのとき、左手1本でクラブを上げると、上体が捻転します。同時に、トップスイングで右足に体重が乗っていることも実感できるはずです。この位置を把握したら、クラブを下ろします。

それから両手でクラブを振っても、右足に体重がしっかり乗っているかどうかを確認し、あとは、フォロースルーでヘッドが空を切る音が出るようにスイングします。シャフトが長いクラブほど、この動きをマスターすることが大切です。さらに、フィニッシュで、左足に体重が乗っているかどうかを確認するために、右足を浮かせて、左足1本で立てるかどうか確認します。左足1本で立てないようなら、それは体重移動が上手くいっていない証拠です。

素振りでスイングの感覚が分かったら、あとはリズムです。クラブをゆっくりと上げて、下ろし、体重移動を行い、遠心力を利用してボールを打つ。この流れでボールを打てば、高反発ドライバーの特性を最大限に生かせます。

最近は、ボールもスリーピースなど、硬いタイプのものが増えてきました。それを硬いフェースで打つわけですから、インパクトが正しければ、ボールをしっかり弾いてくれます。〝素振りシングル〟という言葉があるぐらい、アベレージゴルファーの多くは、素振りのときは、正しいスイングをしています。このときの動きをそのまま実際のスイングに生かせば、ボールは飛びます。

■高反発はドローよりフェードのほうが飛ぶ

ドローボールか？　フェードボールか？　この選択については、2章でも僕の体験を書きましたが、さらに詳しく説明していきましょう。

昔から、ドローボールのほうが、フェードボールよりも飛距離が出るとされていました。ドローのほうが、ボールを強く叩けるし、地面に落ちてからも、転がるからです。

しかし、高反発ドライバーに限っては、ドローよりもフェードのほうが、飛距離を稼げるように思います。

その理由としては、まず、第一に、どちらの球筋にも、オーバースピンがかかりやすいということです。ドローだと、よほどパワーがないと、空中でボールがお辞儀してしまいます。ドローというよりも、ドロップフックになってしまうのです。これでは、いくら転がるとはいえ、キャリーが出ない分、飛距離が出ません。

逆に、今までフェードはランが出ないというイメージがありましたが、高反発で打つと、オーバースピンがかかる分、ドロップフェードになり、ランが出るようになりました。ドローと違い、ドロップしても、キャリーが落ちることはありません。ランが増えた分、飛距離が伸びるわけです。

また、フェードのほうが、ドローと比べると、アベレージゴルファーでも打ちやすいメリットがあります。

エスヤードでは、もともとスライス防止のため、極端にフェースを被せ、ボールが右に曲がらないように設計されています。アドレスしたときは、ボールが引っかかるようなイメージがあるものの、ボールを右に曲げにくいと感じるはずです。

しかし、ダウンスイングで、フェースの向きを変えずに、ポーンとヘッドを下ろしてくると、開いた状態でインパクトを迎えるので、ボールが真っ直ぐ飛び出します。逆に、左へは曲がりにくいのです。スライスを打つ人が、エスヤードで今までと同じスイングをすると、右へ曲がる度合が小さくなり、フェード系の球筋になります。

あとは、ボールをつかまえた後に、ボールを一度押すようなイメージで振っていくと、オーバースピンがかかり、ドロップフェードになります。

僕の場合、エスヤードにしてからは、ドローよりもフェードのほうが飛距離を稼げます。硬いボール、硬いフェースの組み合わせなら、文句なくフェードボールを打つべきです。というよりも、素直に左サイドへクラブを振り抜いていけば、自然と球筋はフェードになります。

■雨の日はキャリーボールを稼ごう

特に、雨が降ったときは、ドローよりもフェードのほうが確実に飛距離が出ます。地面が濡れているので、まずランを期待することはできません。いかにキャリーで稼ぐかがポイントになります。フェードのほうが大きなキャリーボールを打てる分、ドローよりも有利なのです。最近の若手選手を見ていても、あえてドローを打つ人はいません。

また、風が吹いていても、無理に低いボールを打たないほうがいいでしょう。昔のパーシモンヘッド、バラタカバーの糸巻きボールコンビなら、アゲンストのときは、できるだけ低いボールを打ったほうが、風の抵抗を受けない分、飛距離を稼げました。逆に、高い球を打つと、バックスピンがかかっている分、上に吹き上がってしまい、ほとんど距離を稼げません。

高反発ドライバーで打てば、フェアウエーの真ん中に体のラインを向け、そのまま普通に打つだけで、オーバースピンがかかるので、アゲンストにも負けません。自信を持って、いつもと同じスイングをするようにしましょう。

■インサイド・インのスイング軌道で打つ

高反発ドライバーで打つ場合、どのようなスイング軌道が理想でしょうか。僕は今までのドライバー同様、インサイド・インで振っていくべきだと考えています。

インパクト後、クラブヘッドを目標方向に出そうとすると、フォロースルーで左脇が開いてしまいます。左手の甲が上を向くような形になるわけです。これだと、ボールが右にスッポ抜けてしまいます。

フォロースルーでは、しっかり左脇を締めるためにも、インパクト以降は、左サイドへクラブヘッドを振り抜いていきましょう。

また、このとき、腕だけでインサイドにヘッドを引っ張り込まないようにします。腰を回せば、自然に腕もついてきます。

腕だけでヘッドを左へ持ってこようとすると、インパクトでフェースが被り、そのままボールが左へ飛び出してしまいます。体の動きが止まると、引っかけが出るので注意しましょう。要は、体の回転に反して、ヘッドを目標方向へ出さなければ、自然にインサイドに振り抜けるようになるのです。

■素振りで腕力を鍛えてヘッドスピードを上げよう

体重移動でヘッドスピードを上げる方法を教えましたが、基礎体力をアップすることも、ヘッドスピードを加速するうえで大切な要素です。

ただ、いきなりトレーニングジムに通えといっても、時間的にも、金銭的にもそれほど余裕のないサラリーマンゴルファーには、難しいでしょう。それでは、素振りをしてみてはどうでしょうか。これなら、お金はかかりませんし、時間的にも自分の好きなときにできるメリットがあります。

例えば、腕の力をアップするために、7番アイアンで、スリークォーターのスイングを何回か繰り返します。下半身を止めたまま、素早くクラブを何回も振ります。右肩ぐらいまでクラブを上げ、そこからストーンとクラブヘッドを落としていけば、インパクトゾーンでヘッドが走る感覚が分かると思います。

クラブヘッドを体の正面でターンさせるイメージも湧くでしょう。トップスイングをコンパクトにして、フォロースルーで腕を畳む練習にもなります。

練習場で行うなら、ボールを打たずに、ゴムティをコンコン打っても構いません。おそらく、ゴルフの練習で、最もつまらなく、辛いのは、素振りでしょう。しかし、週イチのペースで練習場に行くぐらいなら、毎日素振りを50回でもいいから行ったほうが、上手くなります。

■素振りをそのまま本番でも再現する

世間には、素振りシングルがたくさんいます。ゴルフは欲のスポーツだから、ボールを置いた途端、遠くへ飛ばそう、真っ直ぐ飛ばそうという意識が働きます。それがスイングを狂わせる源です。素振りでは、正しい動きでクラブを振れているのだから、それを本番で再現できることを目標に練習すると、飛距離も徐々に伸びていきます。

また、ただ単にクラブを振るだけなら、ドライバーを使うのが効果的でしょう。シャフトが長くなればなるほど、自分でもヘッドスピードを実感できるはずです。ドライバーでブルッと音をたてるように振れたら、確実にヘッドスピードが上がってきたものだと判断して構いません。

最近は、素振り用のゴルフの練習器具もいろいろと増えてきました。全体的に重いクラブ、ヘッドの先につけられる重りなどが代表的です。僕は、ヘッドの先につけられる重りのほうを勧めます。

クラブヘッド自体の重さをより感じられるし、シャフトのしなりも体感できます。全体的に重いクラブで振ると、確かに、腕の力はつきます。しかし、振りすぎて腰を悪くする可能性もあります。自分のポテンシャル以上のものは振らないことです。

ただし、重いクラブでも、ゆっくりとヘッドの重みを感じて振るなら練習になります。手だけで上げようとすると、腱鞘炎《けんしょう》になりかねませんし、スイングも壊す可能性があるので注意しましょう。

基本的には、ヘッドスピードを上げるためには、腕力があったほうがいいことに間違いありません。女性でも寝る前に腕立て伏せを10回ぐらいするだけで、かなり違うと思います。パワーアップできれば、どんな人でも確実に飛距離は伸びます。

■クラブヘッドがふたつの弧を描けば飛ぶ

スイングアークが大きくなればなるほど、それだけ遠心力も大きくなるので、飛距離はアップします。フォロースルーでビュッという音がするようにクラブを振れれば、スイングアークは自然と大きくなります。

スイングアークをイメージするときに、以前は、ひとつの円でしたが、高反発では、ふたつの弧をイメージします。

どういうことかというと、バックスイングでクラブを上げるときにできる弧がひとつ、フォロースルーでできる弧がもうひとつの弧です。

ダウンスイングの切り返しで、右サイドから左サイドへ体重を移動します。その分だけ、体が平行移動します。それでふたつの弧ができるのです。

ここで誤解してほしくないのが、ダウンスイングでクラブをためて下ろせということではありません。あくまでも、スイング軸を中心に、その範囲内で（１０３ページ参照）体が右から左へ動くため、ふたつのスイングプレーンができるだけです。

バックスイングで右足１本に体重を乗せ、それをそのまま左足に移していくと、必然的に、弧がふたつ描かれます。

以前と同じように、クラブを上げた軌道と下ろしてくる軌道がほぼ同じなら、ひとつの円になりますが、高反発ドライバーは、クラブが長いので、ひとつの円にこだわるよりも、振り幅を少し大きく考えたほうが、よりヘッドスピードが増します。

前述したように、ボールを左足寄りに１個分ずらし、ティアップを高めにしてあるので、ふたつめの弧でもしっかりとらえられます。インパクトのことを考えずに、できるだけ大きく上げて、大きく振るイメージを持つようにしましょう。

■ミート率を上げるには、70パーセントの力で打つことから始めよう

高反発ドライバーは、従来のドライバーと比べて、フェース面が広く、その分、スイートスポットも広いと考えていいでしょう。しかし、それでもなかなか芯でボールをとらえられないのが、アベレージゴルファーです。

確実に、スイートスポットでボールをミートできるようになれば、それだけで飛距離は伸びます。そのためには、まず、スイング軸をしっかりさせることです。スイング軸を中心に体を捻転させない限り、飛距離は伸びません。

いきなりフルスイングをしても、フェースの芯でボールをつかまえることは難しいので、まずは、70パーセントぐらいの力でクラブを振ってみましょう。

それでも当たらないようなら、50パーセントの力でクラブを振ります。とにかく、このぐらいのスイングの大きさなら、確実にフェースの芯でボールをとらえられるという限界を調べます。それができたら、徐々に、力を入れていき、最終的には、フルショットしても、フェースの芯でボールをとらえるようにします。

アベレージゴルファーは、ドライバーを持つと、いきなり120パーセントの力で

ボールをヒットしようとします。これでは、ミート率が上がるはずがありません。

例えば、7番アイアンでナイスショットしていた人でも、3番アイアンに替えた途端、ミート率が悪くなります。確かに、3番アイアンは、ロフトも小さく、フェース面も狭くなっているので、苦手に感じるアベレージゴルファーも多いでしょう。

しかし、3番アイアンが難しいから打てないのではなく、7番アイアンを打つときと、極端にスイングが変わってしまうから、当たらなくなるのです。

実際、3番アイアンでも、150ヤードの距離を打ってみろというと、ほとんどの人が上手く打てます。それを200ヤード飛ばそうとするから、ボールをあおるような打ち方をしたり、手首を使って打ってしまうのです。これではナイスショットはできません。

ドライバーも同じです。普段、250ヤード飛ぶ人が、220ヤードぐらい飛べばいいやと思って打つと、本当にいいスイングでボールを打てます。

このときのスイングリズムをつかんだら、あとはどんどんスイングを大きくしていけば、ミート率はアップします。

■ミート率を上げるなら、一度飛距離を落としてみる

70パーセントの力でクラブを振る練習を勧めましたが、ミート率を上げたいのであれば、しばらくこのスイングを続けるべきです。まず、スイングをよくすることが、最終的に飛距離をアップすることにつながるからです。

たとえフルスイングをしなくても、スイング軸がブレないようにクラブを振り、フィニッシュでも、ビシッと止まれるよう体勢をつくりましょう。ボールが地面に落ちるまでフィニッシュの体勢を崩さないことが大切です。

田中秀道選手のように、体の回転が速くても、スイング軸がしっかりしていれば、アドレスの位置にクラブヘッドが戻ってくるし、フィニッシュを決めることができます。アベレージゴルファーは、スイング軸から体が外れてしまうので、ボールを打った瞬間に、体勢が崩れるのです。

自分が最大限の力でクラブを振っても、スイング軸がブレなければ、ミート率は高くなります。ただし、ミート率を上げるには、一度飛距離を抑えて打つことです。それから徐々にスイングを大きくして飛距離を伸ばすようにしましょう。

たとえ10ヤードぐらい飛距離を落としても、正しいスイングでクラブを振れるようになれば、自然とボールは飛びます。遠回りすると思うかもしれませんが、実際は、最短距離を歩くことになるのです。

■ドラコンホールではまずリラックスする

アベレージゴルファーにとって、ドラコン賞というのは、誰もが憧れる存在かもしれません。人よりもボールを遠くへ飛ばすことは、ゴルフをプレーするうえで、気持ちのいいものです。

それだけに、いざドラコンホールを迎えると、最初からあきらめている人以外は、体中に緊張感が生まれ、力みが生じてきます。ドラコンホールを迎えたら、まず、リラックスさせることが一番大切です。

あとは、ボールを打つ前に、体重移動を意識しながら、フォロースルーでビュッという音が鳴るかどうか確認します。音が出ないときは、バックスイングをゆっくり行いましょう。ビュッという音が2回ぐらい聞けたら、アドレスに入ります。

ヘッドスピードが最も速くなるように、クラブを振れば、自然とボールは飛びます。

ドラコンホールだからと意識するのではなく、

「ドラコン？　あっ、そう」

ぐらいの気持ちでティグラウンドに上がりましょう。

フォロースルーでビュッと
音がするように

■風によってティの高さを変えよう

高反発ドライバーを打つ場合、雨の日は、ボールがドロップするので、飛距離が落ちることを覚悟するようにいいました。

その分、風には強いのが、このドライバーの特徴でもあります。アゲンストのときでも、それほど飛距離は落ちませんが、あえて低いボールを打ちたいのであれば、スイングを変えるのではなく、ティアップの高さを少し変えます。

ボールを左足カカト延長線上に移します。通常よりもボール1個分戻した形です。（80ページ参照）あとは、ティアップを低くすると、クラブヘッドがスイング軌道の最下点を過ぎてすぐにボールをとらえるので、出球が低く、しかもオーバースピンがかかっているので、ランが出る球筋になります。

また、フォローのときは、特にボールの位置を変える必要は、ありません。ティアップを少し高くするだけです。ここで、無理にボールを上げようとしてはいけません。いつもと同じスイングさえ心がけていれば、ティアップが高い分、必ず弾道も高くなります。

無理にボールを高く上げようとすると、球離れが早くなるので、オーバースピンが多めにかかり、距離の出ないドロップボールが出ます。

■ヘッドスピードが0・1m／秒上がれば、2ヤード伸びる

高反発ドライバーを使って、劇的なその飛距離の伸びを感じる人は、ヘッドスピードが47～48m／秒ぐらいの人でしょう。

というのも、僕のヘッドスピードがちょうどそれぐらいなのですが、いきなり10ヤードは伸びましたから。

ヘッドスピードの初速が0・1m／秒上がれば、2ヤード伸びるといわれているだけに、ヘッドスピードが速くなればなるほど、今までのクラブとの差を実感できるはずです。

しかし、最近の高反発ドライバーは、ヘッドスピードに応じて、いくつか機種が分かれているので、自分に合ったタイプを選べば、どんな人でも、飛距離を伸ばせます。

ただし、球離れが早いので、ボールを叩きにいく人は、当てはまりません。スイン

グアークを大きくして、インパクトゾーンが長くなればなるほど、飛距離が伸びることを忘れないでください。

■高反発ドライバーにとって、力みが最大の敵

高反発ドライバーにして、ボールが飛ぶようになりましたが、そのおかげで必要以上に力むことがなくなりました。

バランスのいいスイングを心がければ、より一層飛距離が伸びることが分かったし、力を入れないことで、スイングそのものがよくなったのです。

面白いもので、高反発ドライバーに替えたときは、飛距離が伸びることが嬉しくて、体全体を使って、しっかりクラブを振っていたのです。それが、飛ぶことに対して慣れが生じてくると、あまりクラブを振らなくなってきました。腕だけでクラブを振るようになっていたのです。

当然、飛距離は少しずつ落ちてきます。しかし、頭の中では、もっと飛ばそうと思うわけです。そう思えば思うほど、体に力が入り、さらに飛距離が落ちます。

飛ばしたかったら、クラブを軽く振らなければいけないのに、全く逆のことをしていたのです。

アベレージゴルファーも似たような経験をしたことがあるかもしれないし、これからする可能性があります。飛ぶクラブを手にしたのだから、飛ばさなければいけないと考える。その結果、必要以上に力みが生まれ、ボールが飛ばなくなる。

普通にゆっくりとクラブを上げ、そのまま同じリズムでボールを打てば、勝手にボールが飛んでくれるし、そのときのスイングが最もバランスがとれた形になっています。

最初は飛んでいたのに、飛ばなくなったという人は、力みが原因です。

いかに楽に振るか、いかにいいスイングをするかが大切です。無駄のないスイングになれば、高反発ドライバーは、値段に応じた働きをしてくれるはずです。まずは、10万円分の仕事をしてもらいましょう。

■シャフトはRで十分

基本的に、高反発ドライバーを打つ際、シャフトの硬いクラブは使わないほうがいいでしょう。軟らかめのシャフトを使ったほうが、ゆったりとしたスイングリズムでクラブを振れるので、飛距離が出るからです。

ダウンスイングでシャフトのしなりを感じたほうが、ヘッドスピードが上がるので、飛距離は伸びます。極端にいえば、女性でも、46インチのドライバーを持ち、シャフトをムチのようにしならせて下ろしてくれれば、男性にも負けない飛距離を得られます。

高反発ドライバーは、シャフトが長いので、力のある男性が軟らかいシャフトを使うと、しなりすぎてしまい、インパクトでクラブヘッドが遅れてくると思うかもしれません。しかし、実際は、それほど振り遅れることはないでしょう。

男子プロが、女子プロのクラブを使っても、クラブをゆっくり振ることを心がけてさえいれば、自分のクラブで打ったときよりも飛ぶことがあります。それと同じことです。

練習器具で、シャフトがグニャグニャのクラブがありますが、これを素早く振ると、ボールをまともに打つことはできません。しかし、ゆっくりと振り、シャフトのしなりをしっかり感じ取れば、ボールをとらえることはできます。

本番でも、同じようなリズムでスイングすることを忘れないようにするためにも、軟らかいシャフトにしたほうがいいでしょう。

アベレージゴルファーは、よく見栄を張って、SとかXという硬いシャフトを使っていますが、プロゴルファーの僕でさえSなのです。アベレージゴルファーはRで十分です。

ボールにヘッドをぶつけていく人は、硬いシャフトのほうがいいでしょう。しかし、高反発ドライバーを打つときは、そういう打ち方でよかったのですか?

その辺をもう一度考えてください。

僕は、インパクトゾーンでクラブヘッドがボールをパーンと弾く感じで打っていくタイプなので、絶対にシャフトが軟らかいほうが飛びます。

最近は、カーボンシャフトでも、トルクが少ないし、軽くてしなるシャフトが数多く出ています。軽いほうのクラブが思いきり振れるし、飛距離が出ます。

高反発ドライバーを使うのであれば、ヘッドスピードが40m／秒前後の人なら、Rで十分でしょう。

正しいスイングをしておけば、シャフトをムチのようにしならせても、ヘッドが遅れて下りてくることはないし、飛距離が伸びることを知ってください。

■高反発ドライバーに替えたらロフトを1度変えよう

メーカーによっては、同じ高反発ドライバーでも、同じロフトでも、ボールの上がり方が違う場合があります。ただ、予想以上にボールが上がることは間違いありません。

パーシモンヘッドの7度と高反発の7度では、ボールの上がり方にかなり違いがあります。極端にいえば、高反発の場合、ロフトがそれほどなくても、楽に打てるのです。

唯一問題なのが、構えたときの見た目の問題です。クラブフェースが全く見えない状態だと、スイングでボールを上げようとする可能性があります。そのため、適度なロフトを選んだほうがいいでしょう。

目安としては、今までのチタンヘッドのドライバーよりも1度ロフトを立てるのがベストです。例えば、11度のクラブを使っていたなら、10度に。10度なら9度に変えます。

高反発ドライバーは、球離れが早いので、打ち出しの角度が上がることはあっても、下がることはありません。重心位置も下がっているので、本来なら、ロフトが小さくても、なんの問題もありません。見た目の安心感を得るために、1度程度ロフトを小さくするぐらいに抑えるだけです。

それが気にならないなら、もっとロフトを小さくしても構いません。ロフトが小さいほうが、ボールにオーバースピンがかかるし、強い球を打てるので、飛距離が伸びます。逆に、3番ウッドみたいに、ロフトが大きいと、ボールが高く上がりすぎて、ランを稼げない分、飛距離が落ちます。

■自分が一番握りやすいようにクラブを持とう

ゴルフの醍醐味は、ドライバーの飛ばしにあるという人は少なくありません。その人にとって、もうこれ以上飛ばないというぐらい飛距離を常に出せることが理想でしょう。

最初からドライバーは飛ばすクラブだと割りきって、思いきりクラブを振ったほうが、楽しいし、後悔しないと思います。

僕自身、ドライバーの飛距離がアップして、ゴルフが非常に楽しくなりました。アベレージゴルファーならなおさらでしょう。

その意味では、ドライバーショットをコントロールするような打ち方は避けるべきです。よくクラブを短く持っている人がいますが、なんだかボールをコントロールするみたいで、僕はあまり勧めません。46インチのクラブを短く持って44インチにするなら、最初から44インチにしておけばいいことです。

遠くへ飛ばすには、シャフトが長いほうが、遠心力が大きくなり、ヘッドスピードが上がります。自分が一番握りやすいところを持って、持っている力を生かせるようにするのがいいでしょう。

終章　アマチュアゴルファーの希望の星として

■高反発ドライバーに替えて、他のショットに余裕が生まれた

僕がエスヤードを使いたいといったとき、あくまでも既製品を使うことが条件でした。

「アベレージゴルファー用のクラブですけど、本当にいいんですか？」

と、メーカーの人が驚いていたのを思い出します。でも、僕にとっては、ヘッド自体には、なんの問題もなかったし、シャフトさえ重くしてもらえれば、十分使えるという自信がありました。

おかげさまで飛距離が伸び、成績も上がってきたわけですから、あのときの判断は間違っていなかったわけです。

エスヤードと出会ったことで、僕のゴルフ人生は大きく変わりました。クラブを上げて下ろせばいい、パターを打てば入るというゴルフを35歳までやっていましたから。それでは通用しないと思い、スイングを変えたものの、ボールは飛ばないし、曲がる。当然、スコアにはなりません。予選を通過するのが精一杯でした。

僕の辞書には、ドライバーは曲がらないものとしか載っていなかっただけに、その

とき、初めて「ああ、ゴルフって難しいものだな」と、しみじみ感じました。

ショットが悪い分、アプローチを寄せなくては、パットを入れなくてはという気持ちになったものの、今度は得意なパットまでもが入りません。すべての面で余裕がなかったと思います。そのとき、ゴルフでは、メンタル面がいかに大切か感じました。

それが、エスヤードを使うようになって、飛距離が伸びたので、球筋をドローボールからフェードボールに戻すことができました。

しかも、スイングがよくなったので、アイアンショットでもラインを出せるようになったのです。パットも無理に入れようという気持ちがない分、入るようになったし、アプローチも毎回グリーンを外すわけではないから、気楽にやれます。そういう相乗効果がありました。

■もう一度ドローボールに挑戦したい

今年、2002年は、ドローボールを練習しようかなと考えています。96年の日本プロマッチプレーに勝った後、飛ばしを求めてフェードからドローに変えて失敗した僕ですが、今の自分なら、成功するかもしれないという気持ちがあるのです。

フェード一辺倒よりも、ドローも打てたほうが、コースマネジメントに幅が出てくるし、ある程度のバリエーションは必要だと思います。それに、昨年のカシオワールドオープンで、室田淳さんが優勝しましたが、そのときの室田さんの飛距離には驚きました。とても46歳の人が打ったとは思えないほど飛ばしていました。

実は、室田さんは、高反発ドライバーで、ドローを打っていたのです。

それを見て、もっと飛距離を稼ぎたいという気持ちが生まれたのは確かです。実際、高反発ドライバーで、フェードを打っても15ヤード伸びたのだから、ドローを打てばもっと飛ぶのではないかと思います。

そのためには、今使っているドライバーを改良する必要があります。今のままだと、フックを打とうとすると、引っかけが出る確率が高いでしょう。

フェースアングルをゼロにして、ロフトをもっと大きくしたほうがいいかもしれません。ボールが上がりながら、しっかりドロップするんじゃないかと考えています。落下してからも、ランを稼げるので、トータル的な飛距離は絶対に伸びるはずです。

このロフトでは、ボールが高く上がりすぎるというぐらいにして、ドローを打てばどういう結果になるのか、すごい興味があります。でも、ロフトのある3番ウッドでドローを打つと、けっこういい感じで飛んでくれるので、上手くいくとは思います。

今使っているクラブのロフトが9度なので、10度まで大きくして、練習してみるつもりです。昨年もドローを打ちたいなと思うホールで、試しに打ってみたことがあるのですが、ロフトの小さいクラブを開いて構えていたので、右へスッポ抜ける傾向がありました。でも、最初からロフトのあるドライバーなら、成功するチャンスはあります。

ロフトの小さいクラブを開いて打つのは難しいけれど、ロフトの大きいクラブを閉じて打つのは、それほど難しくないと思います。

■芹澤信雄が飛ぶと、アベレージゴルファーはドライバーのおかげだと思う

エスヤードに替えて、飛距離が10ヤード伸びたというアベレージゴルファーは数多くいます。ヘッドが大きくなっている分、ミート率も高くなっているし、構えたとき

に安心感もあるから、ミスをする確率も低くなったのでしょう。

以前は、プロアマ戦でアベレージゴルファーと一緒にラウンドすると、たまにオーバードライブされていました。プロのティグラウンドがかなり後方にあるとはいえ、負けているなと思うときが何回かありました。それが、昨年はまず越されることはありませんでした。

逆に、「最近の芹澤さんは飛ぶようになりましたね」と、驚かれたぐらいです。ジャンボさんが飛ばすと、アマチュアはクラブのおかげだとは誰も思わないのに、僕が飛ばすと、クラブがいいからだと思ってしまうようです。

身長173センチ、体重70キロという、一般体型の僕が飛ぶんだったら、自分も飛ばせると考えるからです。42歳の僕が人生最高の飛距離を実感できるなら、自分たちのほうがもっと飛ぶと考えている人もいるかもしれません。

その意味では、アマチュアにとって、芹澤信雄は希望の星だといえます。

■今の時代、飛距離はお金で買うもの

よくアマチュアに聞かれるのが、「どうしたら飛ぶようになるんですか？」という質問です。練習時間をあまりとれないアマチュアにボールをたくさん打てといっても無理でしょう。それなら、確実に飛距離アップする高反発ドライバーを手に入れることを勧めます。

ただ、価格が10万円前後と決して安くはありません。それでも、飛距離を伸ばしたいなら、購入したほうがいいでしょう。

「飛距離はお金で買えるんだから、とりあえずお金を出しなさい」というのが、僕の答えです。まず投資して、それから努力すれば、さらに飛距離は伸びるのです。

お金も出さずに、飛ばそうというのは難しいですね。それが嫌なら、トレーニングするしかありません。数回飲みにいくのを我慢して、その分のお金でドライバーを買えば、10ヤードは飛距離が伸びます。そうなると、もっとゴルフが楽しくなります。

そして、せっかく高いドライバーを買ったのなら、それに見合った仕事をさせましょう。ほとんどの人が、5000円分ぐらいしか仕事をさせていません。10万円分、

働いてもらわないと高い買い物をした意味がないと思ってください。

■2002年の目標は賞金ランキング20位以内

最後に、ここ数年、クラブの開発は、ものすごい勢いで進んでいます。ただ、ドライバーに関しては、ある程度のところまできたと思います。今後、改良するとしたら、ヘッドをより大きくするか、フェースを薄くして、コントロール性を高めるか、あるいは、重心の位置を変えて、より高く強い球が出るようにするぐらいでしょう。それぐらい、今のドライバーの材質、設計は優れています。

僕自身、今のドライバーで100パーセント満足していますし、ヘッドの大きさ、形、色合いなども気に入っています。もちろん、今以上にいいドライバーができれば、それを使うとは思いますが。

でも、ようやく自分の感覚とスイングの感覚が合ってきたところなので、高反発ドライバーに替えたときのように、いきなり新しいクラブを手にすることはないでしょう。

それよりも、今年は高反発ドライバーを武器に、昨年以上の結果を出したいと考えています。昨年が賞金ランキング40位だったので、20位以内を目指したいです。たとえ優勝できなくても、20位以内に入れるということは、何回か優勝争いに絡んでいるはずですから。

僕の信条であるステディさを生かし、もっとスイングを磨き、ツアーで活躍できるように頑張りたいと思います。

構成／山西英希
写真／小牧寿里（28・29・64・65・178・179ページを除く）

●著者紹介
芹澤信雄（せりざわ・のぶお）
1959年11月10日生まれ。静岡県御殿場市出身。賞金ランキングトップ10以内が4回、優勝回数13回の輝かしい実績を持つ。「96年日本プロゴルフマッチプレー選手権」で初の日本タイトルをとる。2000年ジャパンゴルフツアーの開幕戦で3年6カ月ぶりに優勝を果たした。2001年、高反発ドライバーを手にし、身長173cm、体重70kg、42歳ながらも、平均265ヤードを叩き出す。高反発ドライバーを使って飛ばしたプロとして、アマチュアゴルファーの希望の星でもある。

宝島社新書

ドライバー「飛距離」大革命！
（どらいばー「ひきょり」だいかくめい！）

2002年4月24日　第1刷発行

著　者　芹澤信雄
発行人　蓮見清一
発行所　株式会社 宝島社
〒102-8388 東京都千代田区一番町25
電話：営業部 03(3234)4621
編集部 03(3239)5746
振替：00170-1-170829 (株)宝島社

印刷・製本：株式会社廣済堂

PRINTED AND BOUND IN JAPAN
ISBN 4-7966-2686-7